早期解決を実現する

建物明渡請求の
事件処理 88

第3版

第 3 版 刊 行 に あ た っ て

　「不動産」への個人的な思い入れがあります。私が大学生で司法試験受験生だったときに，両親が賃貸マンションを建てるとのことで，不動産賃貸業を始めることになりました。いわゆるサラリーマン家庭でしたので，事業を興すといってもピンと来るものではありません。そのような中で，所有する土地を更地にし，銀行から借入れして資金調達し，マンションの間取りを練って設計図面を書き起こしてもらい，建設工事を竣工させ，街の不動産仲介会社に飛び入り営業して入居者を募集し，実際に入居した物件を管理していったのです。家族総出で家業の手伝いとなり，なかなか面白い貴重な機会であったといえましょう。

　弁護士になってからは，建物明渡請求（本書では「建て明け」といいます）を数多く経験することとなり，本書の執筆へと繋がります。本書の執筆が次のきっかけとなり，不動産売買，賃貸管理，不動産登記，不動産鑑定など，建て明け以外の不動産関連分野についても業務が増えてまいりました。その過程で，不動産鑑定士，司法書士，土地家屋調査士，不動産取引業者，金融機関などなど，不動産の様々な領域に携わる方々と出会うことができました。その度に，こんなにも知らないことばかりなのだなと，日々思いを新たにすることばかりです。

　講演や研修のご依頼を受けることがあります。法曹にしてもオーナーにしても，受講者の方々からの真剣な質問や指摘に際しては，私の伝え方にはまだまだ至らない点が多いと反省させられることもあれば，受講者の問題意識の鋭さにハッと気づかされることもあります。実に楽しい機会でありますので，今後もより一層対話を増やしていきたいです。

今回の第3版では，建て明けの加筆修正に留まらず，このような日々の気付きで得た知識や経験を反映させました。たとえば，「立退き交渉は社会的な需要がとても大きい分野であると思いますが，その具体的な方法を解説している書籍がまだまだ不足しているのではないでしょうか。そこで，第3版では，「立退き交渉」の章を新設し，正面から解説を試みました。もとより本書の内容が絶対正しいということは決してなく，より効率的で洗練された事件処理が存在することは容易に予想されます。将来，私自身が成長してそのことに気付いてさらに本書を改訂させていくことを期待し，現時点での私の思考を残すこととしました。

　令和6年5月　脱稿の日

　　　　　　　　　　　　　　　　　　弁護士　滝　口　大　志

改訂にあたって

　平成26年に初版を刊行して以来5年間が経過しました。その間に社会情勢は凄まじい勢いで変化し，今なお猛烈に変化を続けています。

　令和2年4月1日には「改正民法の施行」という一大事がありました。ところが，それをさらに圧倒的に上回る一大事として「新型コロナウイルス感染症」が突如発生しました。

　新型コロナウイルスの感染拡大による雇用情勢の悪化，外出自粛や飲食店への時短要請による業績の悪化など，これまでになく経済的苦境に陥るケースが増えています。それに伴って賃料未払いが頻発している状況にあり，今後，建物明渡請求（本書では「建て明け」ともいいます）が増加することが予想されます。

　そのような複雑な社会情勢において，本書が果たすべき役割があるものと確信しています。

　初版では，弁護士を主な読者層として想定していました。

　ところが，実際には，弁護士に限らず，不動産の個人オーナーや管理会社の方々も本書の読者層であることが分かりました。サブリース事業など不動産への個人投資が活発に行われている様子が見受けられます。企業が従業員による副業を解禁する傾向もあり，今後は個人オーナーによる自己管理物件がさらに増えていくことでしょう。

　司法書士，法律事務所の事務局が本書の読者層であることも分かりました。彼ら彼女らは業務拡大のため，あるいは日常業務として「建て明け」に日々奮戦されていることでしょう。

　こうした読者にとって，「建て明け」の実践的な情報はまだまだ不足しているように思われます。読者層の裾野が思いのほか広がっており，第2版では少しでも読者に伝わるよう，分かりやすく丁寧な解説を心掛けました。

初版を刊行の際，私は弁護士登録3年目であり，ごく短期間に「勢い」で本書を書き上げました。その後，大変有難いことに，大勢の読者からご感想やご意見を頂戴し，多くの示唆を得ることができました。不動産オーナー，管理会社，賃料保証会社といった様々な当事者が，それぞれの立場からベストな解決に向けて努力している姿は実に印象的でした。講演のご依頼もあり，講演後の懇親会で「建て明け」を肴にお酒を飲むというのは得難い経験でした。

　第2版を刊行するに至ったのは，やはり読者のおかげにほかなりません。赤心より感謝申し上げます。

　令和3年8月　4回目の緊急事態宣言下にて

弁護士　滝　口　大　志

はしがき

　建物明渡請求訴訟とは，典型的には，賃貸借契約の終了に基づき，賃貸人が賃借人等の占有者に対し，建物等[注]の賃貸目的物を明け渡すよう求める訴訟類型をいいます。

　建物明渡請求訴訟は，明治時代から判例が存在するような普遍的な事件類型ですが，近年，賃料保証会社が大々的に賃料保証サービスを展開するにつれて，その事件数が増加傾向にあります。また，賃料保証会社による保証委託契約の隆盛に限らなくとも，借地借家法を始めとする新法の制定，暴排条項などの新たな契約条項の登場，追い出し屋の跋扈，東京オリンピックを見据えた「民泊」の実施といった時代の移り変わりに伴い，新たな事象が常に現れ続けている分野でもあります。建物明渡請求訴訟という括りはあっても，事案ごとの特殊性をも踏まえると，必ずしも定型的に処理できるというものではありません。

　建物明渡請求訴訟は，「建て明け」という略語が用いられることがあります。私が「建て明け」という言葉に初めて出会ったのは，司法修習生として千葉地方裁判所民事部に配属されたときのことです。ある左陪席の裁判官より，「今日は『建て明け』の期日があるけれど見るかい？」と言われたのです。そのときは，「たてあけ？　それは何かの略語ですか？」くらいに考えていたのですが，弁護士になって以来，いつの間にか，200件近くの「建て明け」に関する事案を経験しました。しかし，どれだけ事件を経験しても，毎回のように，どのように事件処理すれば良いのか悩む事案に当たるのです。賃貸物件は全国津々浦々に存在するため，大勢の法曹が「建て明け」の事案に携わり，日々同

（注）　現行民法においては，もっぱら「建物」の語が用いられ，「家屋」の語はまったく登場せず，主に地方税法において「家屋」の語は用いられています。そこで，本書では，「家屋」ではなく，「建物」の語に統一して述べるものとします。これらの語の用例については，七戸克彦『「建物」と「家屋」』会報ふくおか121号 5 頁（福岡県土地家屋調査士会，2016）に詳しく論じられています。

じような悩みを抱えているのではないかと思います。

　また，「建て明け」に賃貸人側で携わる法曹の多くが，依頼者の「早々に明渡しを完了して次の賃借人に貸したい」という意向をひしひしと感じていることでしょう。こうした依頼者の意向に応えるためには，できるだけ少ない回数の期日で債務名義を取得して強制執行ができるような状況を作り上げつつ，強制執行を回避するために賃借人が任意退去するよう事件処理をしなければなりません。

　とはいえ，ただ急いで事件処理をすれば良いというものではなく，弁護士といえども，時にミスをするものであり，ミスしたときに如何にリカバリーするのか，そもそもミスを起こさないためにはどのような工夫をするべきなのかを絶えず追求することもまた大切です。

　そこで，本書では，「建て明け」の実例を踏まえて，ありがちなミスを防ぐとともに，少しでも早期に物件の明渡しを実現するための方法を正面から解説することとしました。本書で取り上げる事案はいずれも実在の事件をベースにしており，その解説は実際の事件処理の方法を元にしています。本書が，「建て明け」の事件処理で悩む法曹の一助となることを祈念しています。

　本書の執筆に際しては，多田幸生弁護士，鏡味靖弘弁護士，阿田川敦史弁護士，平木敦子女史を始め，様々な方々にご指導ご鞭撻を賜りました。皆様方に赤心より御礼申し上げます。

　平成28年7月吉日
　　　　　　　　　　　　　　　　　　　弁護士　滝　口　大　志

本書でお話しすること

第1章　任意交渉と裁判の使い分け

賃料の未払いがあったときに，賃貸人が一番悩むのは「できれば裁判（訴訟）をしないで話し合いで解決したい」ということです。訴訟は時間も費用もかかること，争いごとを好まない国民性など，様々な背景事情はあるところです。しかし，賃料の支払いがないというのは賃貸借契約の根幹に関わる重大な出来事であり，確実に解決するための方法を取るべきものといえます。言うまでもなく，訴訟ですべての問題が解決するとは限りませんので，柔軟な対応を絶えず検討し続けることが大切です。第1章では，任意交渉と訴訟の使い分けの方法，そもそも訴訟を起こすべき状況といえるのかについて解説します。

第2章　立退き交渉

賃借人に債務不履行がない場合であっても，老朽化した物件の建替えなどのために，賃貸人が物件の明渡を望むことがあります。賃貸借契約や借家契約を契約期間の途中で打ち切って終了させて，賃借人に物件から退去するよう求めることを「立退き交渉」といいます。法は賃借人を手厚く保護しており，立退き交渉が思い通りに進まないというのは珍しいことではありません。第2章では，創意工夫をもって取り組んで立退き交渉を円滑に進めるための方法について解説します。

第3章　原告の選択

賃貸借契約の賃貸人の地位はしばしば移転することがあります。物件が売買されてオーナーが変更した，オーナーに相続が発生した，会社の組織再編があったといった様々なケースが考えられます。原告の選択を誤ったときには賃貸人による正当な権利行使に支障が生じるリスクがあります。第3章では，実例に即して一つ一つの権利法律関係を整理しながら誰を原告とするのか検討します。ありがちなミスを防ぐとともに，ミスをリカバリーするための方法を解説します。

第4章　被告の選択

建物明渡請求は物件の占有（支配権）を巡る紛争ですので，誰が占有者であるのかは極めて重要です。賃貸人が気付かないところで占有者（物件を事実上支配する者）がいつのまにか変更していることもあり，仮に被告の選択を誤ったときには，たとえ判決を得て債務名義を取得したときであっても，執行不能となり，法的手続きを最初からやり直さなければならないかもしれません。同居人，未成年者，連帯保証人など，賃借人以外の者が登場する場合には，これらの者を被告とするのか判断しなければなりません。第4章では，債務名義を取得する実益，占有者の立証方法を中心に解説します。

第5章　物件の特定

せっかく債務名義を取得しても，明渡しを求める対象が何なのか特定していなければ強制執行に支障が生じるリスクがあります。きちんと区分されているマンションであれば特定することはそれほど難しいものではありませんが，駐車

場や駐輪場など特定に工夫が必要なケースもあります。第5章では，そのような悩ましいケースを念頭に，如何にして物件を特定するのか，その方法を解説します。

第6章　信頼関係の破壊

賃貸借契約はいつでも自由に解除することができるものではなく，様々な制約が課されています。長年にわたる裁判例の蓄積によって「信頼関係の破壊」という法理が賃貸人と賃借人との利害関係を調整してきました。「信頼関係の破壊」は一概にいえるものではなく，事案ごとの個別の事情に左右されるだけではなく，社会情勢の変動に影響を受けるという特色があります。第6章では「信頼関係の破壊」を主張立証するための方法について解説します。

第7章　解除の意思表示

賃貸借契約を解除するためには，その意思表示を賃借人に到達させなければなりません。ただ連絡すれば良いというものではなく，意思表示がきちんと到達しないと解除権が有効に発生しないおそれがあり，方法を誤ると通知をやり直すこととなってその分明渡しの完了が後れることとなります。第7章では，訴訟での立証活動を見据えた通知の方法を解説します。

第8章　裁判所による送達手続き

訴訟を提起した後，裁判所は訴状を被告に送達させなければなりません。被告（賃借人等）が受け取るとは限らないうえ，どこに被告がいるのか分からない

こともあります。原告（賃貸人）としては，裁判所任せにするのではなく，積極的に協力することが大切です。裁判の進行を手助けすることで早期に明渡しを完了させることが可能となります。第8章では，現地調査を実践する方法なども解説します。

第9章　裁判上の和解

裁判は個別の事情に左右されるため，常に勝訴するとは限らず，和解での解決が妥当なケースも多々あります。裁判を起こす目的の一つとして，いざというときに強制執行を可能とするために債務名義を取得することがあります。強制執行を円滑に進めるためには，どのような和解が望ましいのか。第9章では，裁判上の和解のタイミングや内容について解説します。

第10章　民事保全手続き

せっかく裁判を起こして債務名義を取得しても占有者に変更があったときには，その占有者への債務名義が必要となり，裁判をやり直すこととなりかねません。そのような不測の事態を避けるためには保全処分を申し立てるのがベストです。しかし，現実には全件で保全を申し立てるのは困難であり，ある程度のリスクは甘受せざるを得ません。第10章では，どのようなときに保全処分を申し立てるのか，発令に向けて注意点について解説します。

第11章　民事執行手続き

強制執行は最終手段であり，本来であれば強制執行せずに自発的に明渡しを完

了させることが望ましいところです。しかし，強制執行は現場レベルでのトラブルがとても多い分野といえます。すんなり進むとは限らず，賃貸人には費用も重くのしかかってきます。第11章では，強制執行を円滑に進めるための方法，費用を少しでも抑えるための方法について解説します。

目　　次

第3章　原告の選択

第4章　被告の選択

第7章　解除の意思表示

第8章　裁判所による送達手続き

第9章　裁判上の和解

第10章　民事保全手続き

第11章　民事執行手続き

任意交渉と裁判の使い分け

目指すべき目標は何か

事案の概要

　賃貸人Xと賃借人Yとの間で，Xが所有するマンションの1室を賃貸借する契約が成立した（以下「本件物件」という）。Yはしばらくは賃料の支払いをしていたが，やがて怠るようになった。Xは対応に苦慮し，弁護士甲に法律相談することとした。Xは甲に対して「裁判しないで任意退去させた方が良いのではないでしょうか」と尋ねた。

[本件の法律関係]

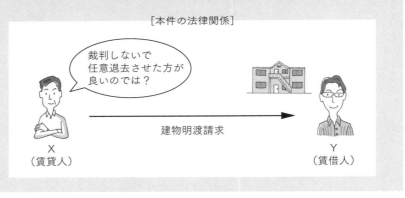

裁判しないで任意退去させた方が良いのでは？

建物明渡請求

X
（賃貸人）

Y
（賃借人）

1　問題の所在

　Yは賃料債務を履行しないにもかかわらず本件物件を使用し続けています。このような賃貸人側からの法律相談に際し，甲としては，Xに対し，どのような方針を示すことが適切でしょうか。

2　賃料収入の回復

　賃貸人は賃借人から支払われる賃料から収益を得ることを目的に不動産賃貸業を営んでいるのが通常です。そのため，賃借人が賃料を支払わないのであれ

ば，その賃借人を賃貸物件から退去させたうえで，新たな賃借人との間で賃貸借して賃貸物件から賃料による収益を回復させることが，賃貸人の利益になるというのは異論がないところと思われます。そのため，現在の賃借人から今後の賃料の支払いが見込めないのであれば，一日も早く現在の賃借人を賃貸物件から退去させなければなりません。

3　任意交渉と裁判手続きを並行させる

　早期の明渡しを実現するためには早々に裁判手続きに乗せることが肝要です。

　賃借人が任意退去するならば，訴訟費用も執行費用も要らず，原状回復費用と敷金との清算もできますので，賃貸人にとっては一番ありがたいものと言えます。しかし，賃借人が自主的に退去することを期待して延々と交渉を重ねても賃借人が結局任意退去しなかったならば，結局は未払賃料がさらに増大しただけで終わってしまう可能性があります。

　したがって，賃借人との任意交渉を継続して実施するのはもちろんのことですが，あくまでも裁判手続きと並行して行うべきものと言えます。

4　裁判手続きの概要

　契約解除の理由が賃料の未払いであり，かつ，賃借人による任意退去がなされない場合，まずは①未払賃料につき，相当期間を定めて催告し，催告期間内に支払いがなされなければ賃貸借契約を終了させる旨の意思表示（本書では，「解除通知」といいます）をしたうえで，②同期間内に弁済がなかったときに，訴訟提起して債務名義を取得し，その後，③強制執行により，物件の明渡しを完了させる，というのが建物明渡請求の基本的な流れとなります。占有移転禁止の仮処分についても，事案に応じて適宜申立てを検討することとなります。

【建物明渡請求の基本的な流れ（賃借人が任意退去しないケース）】

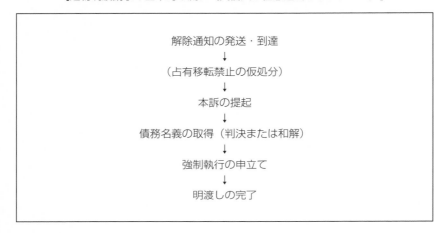

解除通知の発送・到達
↓
（占有移転禁止の仮処分）
↓
本訴の提起
↓
債務名義の取得（判決または和解）
↓
強制執行の申立て
↓
明渡しの完了

Case Study
事例
1-2

任意交渉ではどこまで許されるか

事案の概要

　賃貸人Xと賃借人Yとの間で，Xが所有するマンションの1室を賃貸借する契約が成立した（以下「本件物件」という）。しかし，Yはしばらくは賃料の支払いをしていたが，やがて賃料の支払いを怠るようになった。

　Xは管理会社Zに対して本件物件の管理を委託しており，日常的な本件物件の管理のみならず賃料の収受についてもZの委託業務に含まれていた。

　そこで，ZはYに対し，直接訪問する，電話する，本件物件の郵便受けに手紙を入れるなどし，未払賃料を支払うよう度々催促した。しかし，Yは「給料が入ったらすぐ払う」などと言うばかりで，全く履行する様子がない。

　すると，YからZ宛に「嫌がっているのに何度も連絡してくるので精神的苦痛を受けて不眠症になってしまった。もし今後も連絡してくるようであれば警察に被害届を出す」という抗議の手紙が届いた。ZはYへの対応に苦慮し，弁護士甲に法律相談することとした。

[本件の法律関係]

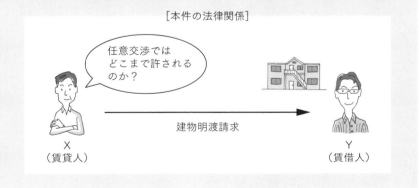

任意交渉では
どこまで許される
のか？

建物明渡請求

X
（賃貸人）

Y
（賃借人）

1 問題の所在

賃貸人が賃借人に対して退去を求めること，賃貸人が賃借人に賃貸借契約の解約を申し込むこと，それ自体が直ちに違法となるものではありません。それは程度問題ということになります。では，具体的にどの程度までが許されるのでしょうか。

2 任意交渉の限界

繰り返しになりますが，賃貸人側が賃借人に対して任意退去を促したときに，それが直ちに違法であるということはありません。しかし，それが社会通念上相当な範囲を逸脱するような態様であれば，違法性を帯びることとなります。単に賃貸人側から賃借人に電話する，自宅に手紙を送るといった態様であれば，社会通念上相当な範囲を逸脱したとまではいえません。しかし，それも結局は程度の問題であり，たとえば頻回に及ぶときには社会通念上相当な範囲を逸脱するものといえるでしょう。

3 ライフラインを止めるのはNG

賃貸人によっては「電気・ガス・水道といったライフラインを停止させれば堪りかねた賃借人が自発的に物件から退去するはずだ」と考えることもあるようです。しかし，電力会社が電気代未払いで電気を止めるのとは異なり，賃貸人がそのような行動に出ることが社会通念上相当な範囲を逸脱していることは議論の余地がありません。また，賃貸人は賃借人から少なくとも賃料相当額の損害が発生したとして，不法行為に基づく損害賠償請求をされるリスクもあります。

4 早々に訴訟提起に移行するのがベター

そもそも任意交渉だけで明渡しを実現するのは極めて難しいといえます。賃借人の立場からすれば住居を失うこともありますのでおいそれと応じるわけに

はいかないという事情もあります。結局のところ，如何に交渉しようとも賃借人側があくまでも任意退去を拒否するならば，賃貸人としては引き下がらざるを得ないのです。訴訟提起に至れば，最終的には強制執行で明渡しを実現できるようになります。建物明渡請求訴訟を提起して債務名義の取得を目指していくのが確実かつ安全といえますし，結果として早期解決に繋がるものといえるでしょう。

なぜ未払賃料を請求するか

事案の概要

(1) 賃貸人Xと賃借人Yとの間で，Xが所有するマンションの1室（以下「本件物件」という）を賃貸借する契約が成立した（以下「本件賃貸借契約」という）。しかし，Yはしばらくは賃料の支払いをしていたが，やがて賃料の支払いを怠るようになった。

(2) Xは，管理会社Zに対して本件物件の管理を委託しており，日常的な本件物件の管理のみならず賃料の収受についても，Zの委託業務に含まれていた。

　　そこで，Zは，Yに対し，直接訪問する，電話する，本件物件の郵便受けに手紙を入れるなどし，未払賃料を支払うよう度々催促したものの，Yは「給料が入ったらすぐ払う」などと言うばかりで全く履行する様子がない。そうしているうちにYの未払賃料債務が4か月分も溜まってしまった。ZはYへの対応に苦慮し，弁護士甲に法律相談することとした。

　　法律事務所で打合せしたところ，Zは甲に対して「早くYを出して次の人に貸さないとXに顔向けできません。未払いの家賃も全額回収してください」と伝えた。甲が「未払賃料の回収は実際には難しいです」と答えると，Zは「それならどうして請求するのですか？」と甲に尋ねた。

1　問題の所在

　Zは未払賃料全額の回収をしたいという強い意向を示しています。賃料が未払いとなっており，建物明渡の完了が最優先事項ですが，できれば未払賃料を回収して経済的な損失を最小限にしたいという希望は当然のことです。甲としては，回収の見込みはもちろん，そもそもなぜ未払賃料を請求するのか，その実益を説明することも大切です。

2　そもそも回収見込みはあるのか

　未払賃料が発生しているのであれば，その回収を図るのはもちろん重要です。しかし，通常は賃借人の経済状況が悪化しているため賃料の支払いが滞っているというケースがほとんどで，現実には未払賃料を回収するのは難しいことが多いように見受けられます。そのため，特殊な事情がない限り，未払賃料の回収よりも早期の明渡しの完了にこそ重点を置いて事件処理をするのが依頼者の利益に適うものです。

3　民事執行の活用

　なぜ未払賃料の回収見込みが乏しいのかというと，要するに，強制執行をしたくても差押えの対象となる財産を見つけ出すことが困難であるからにほかなりません。差押対象財産を自力で調査するのは難しく，強制執行が空振りに終わることは珍しくありません。

　もっとも，判決などの債務名義を取得した場合には「財産開示手続」を活用する方法があります。財産開示手続は，権利実現の実効性を確保する見地から，債権者が債務者の財産に関する情報を取得するための手続きであり，債務者（開示義務者）が財産開示期日に裁判所に出頭し，債務者の財産状況を陳述するという手続です。なお，債権者は，陳述によって知り得た債務者の財産に対し，別途強制執行の申立てをする必要があります。

　財産開示手続が開始しているにもかかわらず，財産開示手続期日に出頭しなかったり，虚偽の陳述をしたりした場合は，6か月以下の懲役または50万円以下の罰金が科されるものと定まっています（民事執行法213条1項）。債務者が刑罰を科されることを恐れて，出頭し，真実を陳述することが期待されています。

　また，「債務者の預貯金債権等に係る情報の取得手続」を利用して債務者の預貯金口座を調査することもできるでしょう。

　とはいえ，ほとんどのケースでは，経済力が落ち込んでいるために賃料が未

払いとなっていることが予想されます。賃借人に何らかの財産が存在することが見込まれるようであれば有用な手段といえますが，そうでないときには財産開示などの民事執行を申し立てても空振りに終わるリスクはあるでしょう。

4 未払賃料の支払いを請求するか

　建物明渡請求だけではなく，未払賃料の支払いを請求しておくことが大切です。どのみち回収できないのだからと諦めて最初から未払賃料を請求しないのは好ましくありません。

　建物明渡請求事件における未払賃料支払請求は付帯請求であり，訴訟提起の際に印紙代が加算されないため，賃貸人の経済的な負担が増えるものではありません。また，訴状の請求原因事実には賃料が未払いである事実を記載して解除権の発生根拠を主張立証しますので，未払賃料について付帯請求しても主張立証の手間が増えるわけでもありません。

5 未払賃料を請求する実益は何か

　では，未払賃料を請求することで得られる実益があるのでしょうか。

　まず，任意に弁済を受けられる可能性があることを忘れてはいけません。賃借人が自発的に支払ってくる可能性がありますし，親族が代位弁済してくれることも全くないわけではありません。賃借人が生活保護受給者の場合，役所や社会福祉協議会による支援があるかもしれません。

　また，和解協議において，たとえば，未払賃料を減免ないし分割する代わりに早期の明渡義務を課すといった交渉材料として活用できることもあるでしょう。

　最終的に回収不能となったときには，未払賃料を損金として税務処理する方法もあります。賃貸人が黒字の場合には有用でしょう。

【未払賃料を請求する実益】

① 任意に弁済を受けられる可能性（親族等による代位弁済など）
② 和解協議の交渉材料として活用
③ 税務処理（損金）

6 「未払賃料」と「使用損害金」の区別

「未払賃料」は賃貸借契約の存続が前提となる債権債務ですので，賃貸借契約の成立から賃貸借契約の終了までの間に発生します。

これに対して，「使用損害金」は賃貸借契約が存在しないことが前提となる債権債務ですので，賃貸借契約の終了から明渡しの完了までの間に発生します。つまり，不法行為（不法占有）に対する損害賠償請求として使用損害金を請求することになります。

【「未払賃料」と「使用損害金」の発生時期】

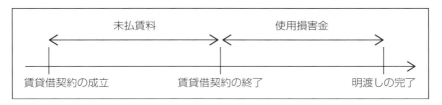

なぜ遅延損害金を請求するか

事案の概要

(1) XはYに対してマンションの1室を賃貸借した。やがてYが賃料の支払いを怠るに至り，Xは弁護士甲に建物明渡請求を依頼した。

(2) 法律事務所で打合せしたところ，甲が「未払賃料も遅延損害金も請求しても回収は難しいかもしれませんが，請求だけはしておきましょう」と述べたところ，Xは「それならどうして請求するのですか？ 私は遅延損害金なんてケチなことは言いたくないです」と尋ねた。

［本件の法律関係］

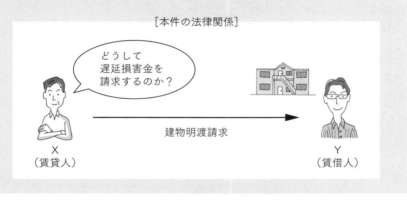

1 問題の所在

　賃料が未払いとなったときにはその遅延損害金が発生します。未払賃料の回収が難しいのであれば，未払賃料の遅延損害金を回収することはより一層難しいように思うことでしょう。しかし，遅延損害金の請求は，賃借人が未払賃料の一部を支払ってきたときに重要な役割を果たすことになります。甲としては，遅延損害金を請求する意味をどのように説明するのが適切でしょうか。

2　充当の順番

　弁済をする者がその債務の全部を消滅させるのに足りない給付をしたときは，債権者と債務者の間で充当の順位について合意がない限り，これを順次に費用，利息及び元本に充当しなければなりません（民法489条1項）。

　つまり，全額の弁済ではなく一部弁済に留まるときには，「未払賃料の遅延損害金（利息部分）→未払賃料（元本部分）」の順番に充当されることとなります。

3　一部弁済と信頼関係破壊との関係

　賃借人が債務の一部を弁済したとき，特に不払いの期間が長期化しているときには遅延損害金を請求しておくことが重要な役割を果たすことがあります。賃借人が未払賃料相当額のみを支払った場合，遅延損害金にまず充当されるので，未払賃料の一部が残存していることは信頼関係破壊の評価根拠事実に関わってくるため，賃貸借契約の解除権の効力に直接の影響があります。

　甲としては，裁判上の和解による債務名義を取得する余地が残されるため，やはり遅延損害金についても請求しておくことに実益があります。

追い出し屋に頼めば話が早いか

事案の概要

(1) 賃貸人Xと賃借人Yとの間で，Xが所有するマンションの1室（以下「本件物件」という）を賃貸借する契約が成立した（以下「本件賃貸借契約」という）。Yはしばらくは賃料の支払いをしていたが，やがて賃料の支払いを怠るようになった。

(2) そうしているうちに，Yの未払賃料債務が4か月分も溜まってしまった。ZはYへの対応に苦慮して「追い出し屋」であるWへ本件物件の明渡しを依頼した。

　依頼を受けたWは，すぐさま，本件物件の玄関ドアの錠にカバーを取り付けて，Yが本件物件に立ち入ることができないようにした。また，Yがカバーを外して本件物件での居住を継続すると，今度は玄関ドア自体を撤去した。さらに，Wは深夜に繰り返しYを訪問し，玄関先において大声で退去を求めるなどの行為に及んだ。

　YはWの強引な行動に耐えかねて警察へ被害届を提出した。

[本件の法律関係]

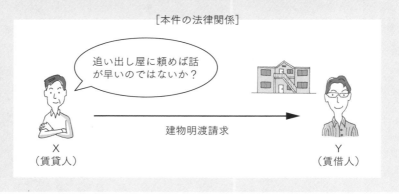

追い出し屋に頼めば話が早いのではないか？

建物明渡請求

X
（賃貸人）

Y
（賃借人）

1　問題の所在

　賃貸人側が「追い出し屋」に対して本件物件の明渡しを依頼することに，どのような問題があるのでしょうか。

2　「追い出し屋」とは

　巷間，「追い出し屋」といわれる業者が跋扈しています。追い出し屋の目的というのは，要するに，裁判手続きを経て明渡しを実現するよりも，早く，安く，賃借人を賃貸物件から退去させてしまうというものです。

　しかし，追い出し屋は，本事例のように，賃貸物件の玄関ドアの錠にカバーを取り付けて開錠を妨げて賃借人が物件に立ち入ることができないようにする，果てには玄関ドア自体を撤去してしまう，深夜に繰り返し賃借人を訪問して退去を求める，強要としか言いようのない言動に及ぶなど，およそ社会通念上相当とは言えないような方法で任意退去を迫っている実情が裁判例でも多数見受けられます。

3　自力救済の禁止

　言うまでもなく，法は，緊急避難などの極めて例外的な場合を除いて，自力救済を禁止しており，許されない自力救済に当たる場合，賃貸人または管理会社は，賃借人より損害賠償責任を追及されるだけではなく，強要罪や不退去罪などの刑事責任を問われる可能性もあります。

　このような状況を踏まえると，追い出し屋に依頼するという選択肢をそもそも採りえないことが明らかです。

立退料を支払ってしまえば話が早いか

事案の概要

(1)　賃貸人Xと賃借人Yとの間で，Xが所有するマンションの1室（以下「本件物件」という）を賃貸借する契約が成立した（以下「本件賃貸借契約」という）。Yは，しばらく賃料の支払いをしていたが，やがて賃料の支払いを怠るようになった。

(2)　そうしているうちに，Yの未払賃料債務が4か月分も溜まってしまった。Zは，Yへの対応に苦慮し，弁護士甲に本件物件の明渡しを依頼し，甲は，Xから委任状を取り付けた。

　　甲は，Yに対して，未払賃料につき，相当期間を定めて催告したが，催告期間が経過してもYからの弁済は一切なかった。

　　甲が訴訟提起の準備を進めていたところ，Yから電話が掛かってきた。Yは，甲に対し，「出て行きたくても引越し費用がない。立退料を払ってくれるなら，来週中には出て行っても良い」などと申し向けた。

[本件の法律関係]

1　問題の所在

時として，賃借人側から，早期の任意退去と引き換えに，転居費用などの立退料を支払うよう求めてくることがあります。立退料を支払うかどうか，どのように判断するのが適切でしょうか。

2　立退料を支払う義務を負うか

XはYによる賃料不払いを理由として本件賃貸借契約を解除したものであり，賃貸人都合により本件賃貸借契約を解約するものではなく，Yに対して立退料を支払うべき義務を負うことはありません。

3　判断要素は何か

もっとも，立退料の金額次第では，債務名義を取得して強制執行による断行をした場合に比べて，明渡しの完了までに必要となる期間よりも短く，費用面のコストも安く済むかもしれません。そのため，訴外での和解として見たならば，立退料を賃貸人側が支払うというのも選択肢の一つとして十分に考えられるところではあります。

とはいえ，債務名義を取得して強制執行を申し立てて，本件物件の明渡しを断行したとしても，執行費用を賃借人に請求することができますし，敷金が差し入れられているのであれば，敷金から執行費用を差し引くこともできます。

加えて，執行の段階に至り，明渡催告がなされた場合，あとは断行を待つだけの状態になります。ここに至れば，立退料を支払うまでもなく，大半の賃借人は断行される前に任意に退去することが多いようにも思われます。

コストと立退料を天秤に掛けて立退料を支払うのか判断することになりますが，立退料を支払っても明渡しが完了しなかったときには大変困ったことになってしまいます。このことについては 事例1-7 で解説します。

Case Study 事例 1-7　任意交渉で和解するときの注意点は何か

事案の概要

(1) XはYに対してXが所有するマンションの1室を賃貸借した（以下「本件物件」という）。Yはやがて賃料の支払いを怠るようになった。Xは弁護士甲に本件物件の明渡しを依頼した。甲がYに対して未払賃料を支払うよう催告したがYからの弁済は一切なかった。

(2) 甲が訴訟提起の準備を進めていたところ，Yから電話が掛かってきた。Yは，甲に対し，「立退料として100万円を払ってくれるなら，来週中には出て行っても良い」などと申し向けた。

(3) 甲がXに対してYの申し出を伝えたところ，Xは「早く次の人に貸して損失を穴埋めしたいです。立退料を支払う代わりにすぐに退去するならそれはそれで良いです」という意向を示した。

[本件の法律関係]

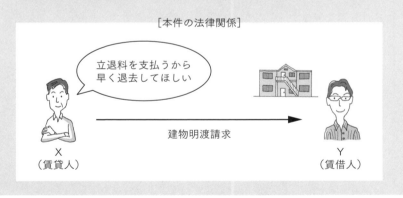

1　問題の所在

立退料の支払い要求に応じることにどのような不都合があるのでしょうか。

2　裁判外での和解の注意点

　本件でXに立退料を支払うべき義務がないのはもちろんのことです。早期解決の観点から，それでも立退料を支払うとの内容での和解に応じるかについては最終的には依頼者の判断に委ねられるべき事柄です。Xが立退料の支払いに応じる意向を示した場合であっても，立退料の支払いについては，任意退去を先履行とするか，少なくとも同時履行にするなどの手当てが必要になります。万が一，Yが管理会社等の立ち会いもなく退去して本件物件内に残置物があった場合，Yによる残置物の所有権の放棄がなければ任意の明渡しがなされていないものとも考えられます。残置物を撤去するために結局は訴訟提起して断行にまで至る可能性もあり，そうすると，せっかく立退料を支払ってまで裁判外で和解した意味が失われてしまいます。

3　即決和解による方法

　裁判外での和解をする場合，債務名義を取得するものではないため，いざという時に，強制執行を申し立てることができないという弱点があるのは上述のとおりです。このような弱点を補う方法としては，本件ではまだ訴訟を提起していないことから，即決和解を申し立てて，Yの明渡義務につき債務名義を取得しておく方法が考えられます。

　もっとも，Yは「来週中には出て行っても良い」などと述べており，任意退去が早々に完了する可能性があります。残置物もなく任意退去が無事に完了するようであれば，即決和解までは不要でしょう。

4　公正証書の注意点

　公正証書は債務名義の一つです。しかし，公正証書の場合，強制執行の認諾文言を入れておいたときに強制執行ができるのは，金銭執行に限られていることには注意しなければなりません（民事執行法22条5号）。公正証書を作成しても明渡しの強制執行はできないのです。

本件とは事案が異なりますが，退去に際して未払賃料を支払うことを公正証書にして強制執行認諾文言を入れておくと，賃借人が支払いを滞らせた際には訴訟をしなくてもすぐに強制執行ができます。ただし，賃料を支払うことができないほどに経済力が落ち込んでいる賃借人に差し押さえるべき財産が存在するかというと，現実には強制執行は困難なことが多いでしょう。

賃借人が破産したので契約を解除したい

事案の概要

(1) XはYとの間でXが所有するマンションの1室を貸し渡す契約を締結した（以下「本件物件」という）。

(2) Yは賃料の支払いを怠ることはなかったが，しばらくしてYの代理人弁護士乙から「Yは自己破産することになりました。Yに対する債権があれば債権届を提出してください」という内容の通知書が届いた。

(3) Xが乙に対して「自己破産するようでは今後も家賃を支払ってくれるのか不安。退去してくれないか」と伝えたところ，乙から「自己破産しても賃貸人は賃貸借契約を解除することはできません。Yは引き続き本件物件に居住する予定です。賃料はきちんとお支払いするのでご安心ください」との回答があった。

(4) Xが本件契約の契約書を見直してみると，Yの破産手続きが開始したときには，Xは本件契約を解除することができるとの条項があった。Xとしては乙の説明に納得できないため，弁護士甲に法律相談することとした。

[本件の法律関係]

破産したときには契約解除できるのでは？

自己破産します。今後も居住したいです

X
（賃貸人）

賃貸借契約

Y
（賃借人）

1 問題の所在

本件では，破産したときには解除することできるとの約定解除権が定められています。賃借人が破産したときには，賃貸人は約定に基づいて賃貸借契約を解除することができるのでしょうか。

2 賃借人の破産を理由に解除ができるか

平成16年に現行破産法の施行に伴い民法旧621条が廃止されました。現在では，賃借人に破産手続が開始したときには賃貸人側から解約申入れができるという条文はありません。そのうえ，そもそも民法旧621条の廃止以前から学説・判例のいずれもがこの規定の適用に関しては極めて制限的な態度を示してきました。賃借人が破産した場合であっても，賃貸人による賃借人の破産を理由とした解約申入れが認められることはまずありません。

3 約定に基づいて解除できないか

そうはいっても，賃貸借契約書には，賃借人が破産した場合には解除できる，という条項が定められていることが多々あります。賃貸人の立場からすれば，契約書に明確に記載されているのに解除することができないというのは納得し難いものがあるでしょう。

しかしながら，破産宣告の申立てを受けたときは，賃貸人は直ちに賃貸借契約を解除することができる旨の特約は賃借人に不利なものであるから無効と解すべきであるとする判例があります（最判昭和43年11月21日民集22巻12号2726号）。これは旧借家法の判例ではありますが，現行の借地借家法にも受け継がれているものと考えられます。

したがって，たとえ賃貸借契約書に賃借人が破産したときに解除できるという条項があったとしても，賃借人の破産は解除事由になりえないでしょう。XはYの破産を理由として本件賃貸借契約を解除することができません。

▌4　賃料不払いを理由に解除できるか

　単純に破産を原因としてではなく，未払賃料がある場合には賃料不払いを原因として解除することは可能かもしれません。未払賃料は破産免責されるものの，信頼関係が破壊されたものと評価できるでしょう。

　本件ではYには未払賃料はなく，Xが賃料不払いを理由として本件契約を解除することはできません。Yには代理人乙が就いているので，賃料の支払いを滞らせることがないようアドバイスがあったのでしょう。

破産管財人が退去交渉を申し入れてきた

事案の概要

(1) Xは，オフィスビルの１室（以下「本件物件」という）を，Yに対し，使用目的を店舗，賃料月額20万円，保証金400万円として賃貸借した。

　Yは本件物件において飲食店を開業したものの，やがて賃料の支払いを怠るようになった。XがYに対して催促しても，Yは「すぐに払うので少し待ってほしい」と繰り返し述べ，ついには未払賃料４か月分を滞納するに至った。

　そこで，Xは弁護士甲に依頼し，甲は本件物件の明渡し及び未払賃料の支払いを求めて訴訟提起した。

(2) ところが，第一回口頭弁論期日前にYに破産手続開始決定がなされ，破産管財人が選任された。破産管財人は答弁書を提出し，本件賃貸借契約の解除の効力について争う意思を示してきた。

　甲が破産管財人に問い合わせると，破産管財人より「今後，本件物件での営業を継続するつもりはない。任意に退去すること自体はいつでもできる。ただ，保証金については早々に返してほしい」との回答があった。

[本件の法律関係]

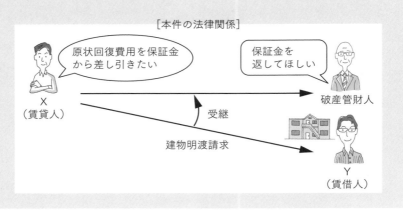

1　問題の所在

甲は，賃貸人の代理人として，破産管財人との間でどのように交渉することが考えられるでしょうか。

2　破産管財人の思惑は何か

破産管財人は，破産者に係属した訴訟を受継せずに，そのまま終結させることができるところ（破産法53条1項），本件において破産管財人は，あえて訴訟を受継しています。破産管財人が訴訟を受継した理由としては，破産財団を最大化させるためであり，賃貸借契約締結時に差し入れた保証金400万円を何としても破産財団に組み込みたいのでしょう。

甲としては，こうした管財人の思惑を踏まえつつ，本件物件の明渡しを早期に実現することが課題となりますし，明渡し後の原状回復費用を保証金から差し引きたいところです。

3　未払賃料を回収できるのか

破産手続開始決定前に発生した未払賃料債権については，破産債権として扱われることとなりますが，未払賃料債権を破産債権として債権届けをしたとしても配当を期待することはほとんどできず，未払賃料の回収は諦めざるを得ないのが現実でしょう。

4　破産管財人との交渉

甲としては，破産管財人との間で，早期の任意退去や，退去後の原状回復費用として幾分かを保証金から差し引いたうえで保証金に剰余があれば破産管財人に返還するとの内容で交渉し，裁判上の和解をすることが考えられます。このような内容であれば，未払賃料の回収までは期待し難いですが，原状回復までは完了できることとなります。

破産管財人が継続を申し入れてきた

事案の概要

(1)　Xはオフィスビルの1室を株式会社Yに対して使用目的を店舗及び倉庫として賃貸借した（以下「本件物件」という）。Yは本件物件において家具などを販売するショールームを開業したものの，やがて賃料の支払いを怠るようになった。XがYに対して催促しても，Yは「すぐに払うので少し待ってほしい」と繰り返し述べ，ついには未払賃料4か月分を滞納するに至った。

(2)　しばらくするとYに破産手続開始決定がなされ，裁判所は破産管財人を選任した。破産管財人はXに対して「破産手続きが廃止されるまでの間，本件物件を引き続き使用したい」との申し入れをしてきた。

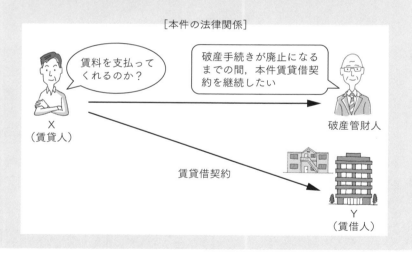

[本件の法律関係]

賃料を支払ってくれるのか？

破産手続きが廃止になるまでの間，本件賃貸借契約を継続したい

X
（賃貸人）

破産管財人

賃貸借契約

Y
（賃借人）

1　問題の所在

　破産管財人が賃貸借契約の継続を選択したときに，賃料の支払いを受けるこ

とができるのでしょうか。

2　破産管財人はなぜ賃貸借契約を継続したいか

　株式会社Yのように法人が破産したときには，裁判所は破産管財人を選任するのが原則的な取り扱いとなっています。破産管財人は破産者の財産を換価して債権者に配当し，破産者を清算する役割を果たすことになります。破産管財人としては，破産者の商品の在庫があるときにはできるだけ売却してお金に換えたいところです。そのためには商品の在庫を保管する場所が必要となりますので，本件の破産管財人は破産手続きが廃止（終了）するまでの間，本件賃貸借契約を継続したいと申し出ているものです。

3　破産管財人に選択権がある

　そうはいっても，破産管財人が一方的に本件賃貸借契約を継続させることができるのでしょうか。

　破産法53条1項は「双務契約について破産者及びその相手方が破産手続開始の時において共にまだその履行を完了していないときは，破産管財人は契約の解除をし，又は破産者の債務を履行して相手方の債務の履行を請求することができる。」と定めています。賃貸借契約は「双務契約」であり，賃貸借契約期間中は賃貸人も賃借人もそれぞれ債務の履行を完了しているわけではありませんので破産法53条1項の要件を充足しています。

　したがって，賃借人の破産を理由に賃貸借契約を解除できる権限を有しているのは破産管財人のみということになります。賃貸借契約期間中に賃借人が破産したときには，破産管財人により賃貸借契約が解除される場合もあれば，賃貸借契約を続行する場合もあり得るのです。

　なお，破産管財人が本件賃貸借契約を解除するのか続行するのかなかなか態度を示さないときには，賃貸人は破産管財人に対して相当の期間を定めてその期間内に契約の解除をするか否かを確答するよう催告をすることができます。もし破産管財人が期間内に確答しなかったときは，破産管財人は賃貸借契約を

解除したものとみなされます（破産法53条2項）。

4　破産手続開始決定前の未払賃料の支払いはあるか

　賃貸人としては，破産したとはいえ，賃借人が建物を使用収益している以上，賃料の支払いがあるのか否かは気になるところです。

　破産法は，破産手続開始決定前に生じた賃料は破産債権となり，将来の配当手続で一定割合が支払われることとしています。もっとも，破産債権が満足に配当されることはまずなく，破産手続開始決定前の未払賃料については事実上回収不能となることが多いでしょう。

5　破産手続開始後の賃料は支払われるか

　これに対して，破産手続開始決定後に生じた賃料につき，破産管財人が賃料債務の履行を選択して賃貸借契約の継続を希望したときは，財団債権として随時賃貸人に弁済されることになります。財団債権については優先的に弁済がなされるため，ある程度の回収の見込みは高いといえるでしょう。

Case Study
事例
1-11

使用損害金を請求したい

事案の概要

(1)　賃貸人Xと賃借人Y（個人）は，マンションの1室の賃貸借契約を締結した（以下「本件賃貸借契約」という）。本件賃貸借契約の特約として，本件賃貸借契約が終了した後，賃借人が本件物件を明け渡すまでの間，賃料相当額の倍額を支払うとの条項が定められた（以下「本件特約」という）。

(2)　ところが，しばらくしてYが賃料の支払いを怠るようになり，やがてYは合計4か月分の賃料を滞納するに至った。そこで，Xは弁護士甲に対して本件物件の建物明渡請求訴訟を依頼した。

[本件の法律関係]

使用損害金として賃料相当額の倍額を請求したい

建物明渡請求

X
（賃貸人）

Y
（賃借人）

1　問題の所在

本件では倍額特約が定められています。使用損害金として賃料相当額を上回る金額を請求することができるのでしょうか。

2 使用損害金とは何か

　賃貸借契約が終了しても賃借人が賃貸借目的物の明渡しをせずに占有を継続したならば，明渡しが完了するまでの間，賃貸人には賃料相当額の損害が発生するものと解されます。

　賃料不払いを原因とする解除通知が賃借人に到達し，相当期間が満了しても催告に応じなかったときに賃貸借契約は終了し，以後は未払いとなるべき賃料がそもそも発生しません。賃貸借契約が終了しているにもかかわらず「元」賃借人が物件の占有を継続する正当な権限はなく，物件の明渡しが完了するまでの間，賃借人は賃貸人に対する不法行為責任を負うこととなります（民法709条）。つまり，未払賃料は賃貸借契約が存続していることを前提とするものですが，使用損害金は賃貸借契約が終了していることを前提としており，両者は請求原因が異なります。

【未払賃料と使用損害金の違い】

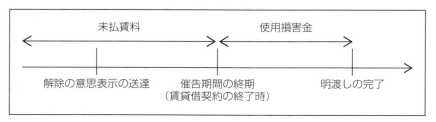

3 倍額特約の目的

　本件特約を定めた目的としては，たとえば以下のように考えることができます。

① 賃貸人としては，賃借人による占有が継続する間，物件を他の者へ賃貸することができず，賃料収入を得られないのでその補填をすること

② 賃借人が，賃貸借契約終了後に，経済的な負担を負うことを嫌い，早期

に任意退去するよう促すこと

③　賃借人が，任意退去しない場合の強制執行の執行費用を回収すること

賃料相当額を請求するだけでは賃貸借契約が存続している場合と賃借人自身の経済的な負担が異ならないため，①の目的はともかくとして，②及び③の目的を達成することはできません。

そこで，上記②及び③の目的を達成するために，使用損害金の金額を賃料相当額よりも増やすような特約を定めることが実務上多数見受けられます。

▌4　消費者契約法10条に違反するか

では，使用損害金について特約を定めるとしても，使用損害金の金額を賃料相当額よりも無制約に増やすことができるのでしょうか。消費者契約法10条では，「消費者の利益を一方的に害する条項は無効とする」と定めているところ，本件特約は賃料相当額ではなく賃料相当額の倍額の使用損害金の支払いを定めています。使用損害金を賃料相当額の倍額とする本件特約は消費者契約法10条に違反しないのでしょうか。

裁判例は，賃料相当額を上回る使用損害金を定める条項について，強制執行手続費用の回収の意味合いがあること，占有を継続することで経済的不利益を受けるので，賃借人が目的物返還義務を履行する誘因となることなどから，消費者契約法10条には違反しないものと判示しています（東京地判平成16・5・28判例秘書Ｌ05932314，東京地判平成20・12・24判例秘書Ｌ06332550）。

このような裁判例に照らせば，本件特約は消費者契約法10条に違反しないものと考えられます。

▌5　過大な内容のときにはどうするか

ここで使用損害金ではなく未払賃料の遅延損害金について考えてみたいと思います。契約締結日が比較的古い賃貸借契約については，遅延損害金につき，たとえば日歩8銭（年率29.2％）といった利息制限法の定める制限利息を上回るような条項を定めている例が見受けられます。

このような条項に基づいて賃借人に請求した場合，訴訟において遅延損害金の相当性が争点となる可能性があり，賃貸人としては，消費者契約法10条に違反していないと直ちに言い切ることができるかというと，やはり裁判例に照らして不確実な要素が残ります。また，訴訟において遅延損害金の相当性が争点化すると訴訟が長期化してしまい債務名義の取得が遅れて，その結果，明渡しが完了するまでに時間を要することとなります。利息制限法の定める制限金利の範囲で遅延損害金を請求するなどの工夫が必要です。

　使用損害金についても特約の内容が過大であるときには同様の対応が考えられるところです。こうした不都合を回避するために，特約に基づいて遅延損害金を請求するものの，具体的な請求額については賃料倍額相当額として一部請求に留めておく，あるいは，あえて特約に基づかずに単なる遅延損害金と法律構成し，賃料相当額を請求する方法が考えられます。

Case Study
事例
1-12

連帯保証人に説得してもらいたい

事案の概要

(1)　賃貸人Xと賃借人Y（個人）は，マンションの1室の賃貸借契約を締結した（以下「本件賃貸借契約」という）。

(2)　XがYに対して連帯保証人を就けるよう求めたところ，Yは古くからの知人であるZへ連帯保証人になるよう頼み，Zはこれを承諾した。その後，XはZとの間で，Zが本件賃貸借契約に基づくYの一切の債務を保証する旨の連帯保証契約を締結した（以下「本件保証契約」という）。

(3)　ところが，しばらくしてYが賃料の支払いを怠るようになり，やがてYは合計4か月分の賃料を滞納するに至った。そこで，Xは弁護士甲に対して本件物件の建物明渡請求訴訟を依頼した。

[本件の法律関係]

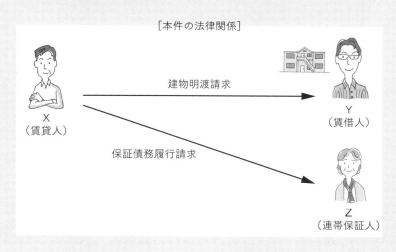

建物明渡請求

X
（賃貸人）

Y
（賃借人）

保証債務履行請求

Z
（連帯保証人）

1　問題の所在

　甲としては，訴訟提起をするほかに，保証人たるＺをどのように説得し，Ｙの任意退去を進めていくことが考えられるでしょうか。

2　保証人への働きかけ

　Ｚとしては，本件保証契約に基づいてＹの未払賃料の支払債務及びＹが本件物件を明け渡すまでの間の使用損害金の支払債務を履行するべき立場にあります。ＺはＹの任意退去が遅れれば遅れるほどに経済的な負担が増えることとなり，他方，ＸはＹの任意退去が実現すれば強制執行の費用を負担せずに済むものであり，Ｙの本件物件からの早期の任意退去を実現することがＸとＺの共通の利益に適うということです。

　このようなＺの利益については，使用損害金が賃料倍額相当額であればなおさらのことです。すなわち，早期に退去しなければそれだけ保証人の負担が増える一方であるという利益状況は，甲としては保証人たるＺを説得する際の有力な材料になるということです。

　したがって，甲としては，Ｚに対してＹが早期に本件物件から任意退去するよう働きかけてもらうなどの協力を求めることが考えられます。

3　保証人による説得

　保証人は，主債務者との間に，家族，同僚，友人等の何らかの人的関係があって保証契約を締結するに至るのが通常です。これを言い換えれば，保証人は主債務者たる賃借人に直接連絡を取ることができるものであり，賃借人としても保証人へ迷惑を掛けてはいけないという意識が働き，その結果，保証人による説得が奏功する可能性があるということです。

　なお，甲が信頼関係が破壊するほどの賃料の未払いが溜まった段階で保証人と連絡を取った場合，保証人より「どうしてもっと早く言ってくれなかったのか」といった苦情を受けることもありますが，債権者が保証人に主債務の不履

行を通知する義務を負わないのが通常であり，かつ，甲としても受任した段階で既に賃料の滞納が生じているため連絡が遅くなるのはやむを得ないものといえ，保証人と連絡を取った段階で丁寧に現在の状況を説明するほかありません。

　なお，連帯保証人への情報提供については後述します（ 事例4-11 参照）。

賃貸借契約書がない

事案の概要

(1) Xは，約20年ほど前に，一軒家を建築して所有している（以下「本件物件」という）。その後，賃貸人Xと賃借人Yは，約10年前に，本件物件の賃貸借契約を締結した（以下「本件賃貸借契約」という）。

　　しかし，今年になってYが賃料の支払いを怠るようになり，やがてYは合計4か月分の賃料を滞納するに至った。

　　そこで，Xは賃料不払いを理由として建物明渡請求を行うこととし，弁護士甲に対して建物明渡請求を依頼した。

(2) 甲が，Xより契約書類などの証拠書類一式を取り寄せたところ，賃貸借契約書がなかった。甲がXに対して本件賃貸借契約の契約書を送ってほしいと再度依頼したところ，Xより「Yは昔からのご近所さんで知り合いなので，賃貸借契約書をそもそも作成しなかった」との回答があった。

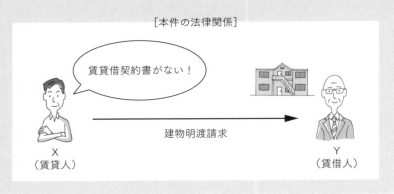

[本件の法律関係]

賃貸借契約書がない！

建物明渡請求

X（賃貸人）　　　　　　　　　Y（賃借人）

1　問題の所在

　甲としては，本件賃貸借契約の成立を立証しなければなりません。本件では賃貸借契約書がなく，具体的にはどのような方法が考えられるでしょうか。

2　当事者間の合意の立証

　賃貸人と賃借人との間に人的な関係がある場合，不動産仲介会社を通じて契約を締結しないことが多く，賃貸借契約書を作成していないことは間々あります。

　ただし，賃貸借契約の成立要件には書面性は要求されていませんので，明示と黙示を問わず，当事者間の合意があれば賃貸借契約の成立を主張立証することは可能です。

　そのため，賃貸借契約書を作成していない，または賃貸借契約書を紛失したような場合であっても，賃料の支払いに関わる通帳の写し，修繕に関わる工事請負契約書などがあれば，それを賃貸借契約の証拠として提出することができるので本件賃貸借契約の成立を立証することが可能となるでしょう。

　一方で，そもそもＹが本件賃貸借契約の成立を争わないのであれば，擬制自白により，本件賃貸借契約の成立を立証する必要もありません。Ｙの認否には注意しなければなりません。

3　訴訟物の立て方

　とはいえ，賃借人は，次の転居先を探すまでの時間稼ぎ，賃貸人への単なる嫌がらせなどといった様々な理由で，明渡しの完了を遅らせようとすることが多々あります。Ｙが，賃貸借契約書がないことを逆手にとって本件物件を使用収益していながら本件賃貸借契約の成立自体を争う，賃料の金額がＸの主張する内容と食い違っているため信頼関係が破壊されたほどの賃料の滞納はないなどと争って訴訟の引き延ばしを図る可能性もあるのです。

　このようなＹの反論に備えて，訴訟物につき「賃貸借契約の終了に基づく建

物明渡請求」（契約構成）だけではなく，「所有権に基づく建物明渡請求」（所有権構成）についても併せて主張しておくことも考えられるところです。そうすることで，甲としては，たとえばＹが本件賃貸借契約の成立自体を争ったとしても，たとえ契約構成では請求が棄却されようとも，所有権構成については請求が認容されることとなります。

　甲としては，この場合，裁判所がさらに期日を指定せず，かつ，賃貸借契約の成立について審理しないまま弁論を終結するよう求めることで，債務名義を取得するまでの期間を短縮する余地が生まれることとなります。ただし，弁論を終結するかどうかについては裁判所の判断に委ねられており，審理期間を短縮できるとは限らないことには注意が必要です。

【本件の訴訟物】

賃貸人（物件所有者）　──────────────→　賃借人
　　　　①賃貸借契約の終了に基づく建物明渡請求権
　　　　②所有権に基づく建物明渡請求権

風俗店の開業を阻止したい

事案の概要

(1)　Xは瀟洒な作りの建物を所有して賃貸業を営んでいる。この建物のテナントには，いわゆる名店といわれる老舗の飲食店が多数入居している。

(2)　1室の空室（以下「本件建物」という）が出たので飲食店のテナントを募集したところ，すぐにYからバーラウンジを開業したいとの申し込みがあった。Xとしては，建物全体の雰囲気を重視しており，女性が接待するような風俗営業であれば断るつもりであった。Xが業種を確認したところ，Yから「オーセンティックなバーを開業するので心配は無用です」との回答があった。XとYは，賃貸借契約書に「使用目的　バーラウンジ」「禁止事項　風俗営業」と記載したうえで，本件建物の賃貸借契約を締結した（以下「本件賃貸借契約」という）。

(3)　本件建物において内装工事を始まると，Xは店舗の雰囲気に違和感を覚えた。不信に思い，Xがインターネットをリサーチすると，ウェブサイト上で，本件建物を所在地とするガールズバーが，新規開店に伴い女性従業員を募集していることが判明した。Xとしては，このままYが本件建物でガールズバーを開業したときには，他のテナントが嫌気して退去してしまうことを懸念した。

(4)　XはYに対して「ガールズバーを開業するとは聞いていない。契約違反なので契約を解除する。すぐに原状回復して退去してほしい」と伝えた。すると，Yは「女性従業員は接待をしない。あくまでもバーラウンジ。保健所にもきちんと届出も行うので違法なことは何もない。このまま開業する」と述べた。Xは対応にあぐねて，弁護士甲に法律相談を申し込んだ。

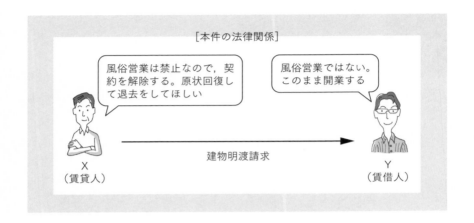

[本件の法律関係]

風俗営業は禁止なので，契約を解除する。原状回復して退去をしてほしい

風俗営業ではない。このまま開業する

建物明渡請求

X
（賃貸人）

Y
（賃借人）

1 問題の所在

　Xが契約条項に違反するとして本件賃貸借契約の解除を伝えているところです。これに対し，YはXに対して真っ向から反論してきています。本件では，Yが内装工事を開始しており，ある程度の設備投資を行っているという事情があります。Yの立場からすると，そう易々と引き下がるわけにはいかない状況になっており，貸主であるXの承諾を得ないまま開業を強行しようとしています。甲としては，用法順守義務違反や禁止事項違反による契約解除などの民法上の法律構成を検討することはもちろんですが，任意交渉での決着を図るための方法を積極的に考えなければなりません。甲としては，民事上の法律構成だけではなく，行政法規にも目を向けることが大切といえます。

2 ガールズバーが使用目的に反しているのか

　本件賃貸借契約では「使用目的　バーラウンジ」とあり，禁止事項には「風俗営業」と定められています。そのため，いわゆるガールズバーという業種自体がそもそもバーラウンジには該当しないというのが，当事者間の合理的な意思解釈に合致するとも考えられます。甲としては，本件賃貸借契約を終了させるために，用法順守義務違反や禁止事項違反による契約解除を主張すること

なります。

　ただし，この「合理的な意思解釈」というのは，本件が訴訟提起に至って裁判所が判断理由を説明する際には有効な手法ですが，任意交渉の場面では必ずしもそうではありません。相手が「そのとおりだ」と受け入れるとは限らず，相手が「そうではない」と言えばそれまでであり，結局は訴訟提起に至らざるを得ません。本件では，Yが「バーラウンジであって使用目的の範囲内だ」と主張していますので，甲がいかに意思解釈の合理性を主張したとしても，開業を阻止したいというXの要望を叶えるとは限らないのです。

3　錯誤取消しの検討

　この他に，甲としては，法律構成を工夫し，用法順守違反等の他に，「Xが本件賃貸借契約を締結した前提に重大な誤りがある」などとして錯誤取消しを主張することも考えられます（民法95条2項）。しかし，この法律構成もまた，相手が受け入れない限り，先ほどの合理的な意思解釈のアプローチと同様に，最終的には裁判で決着を付けざるを得ないかもしれません。

4　いわゆるガールズバーの開業に貸主の承諾が必要か

　本件では，ガールズバーの開業が問題となっているところですが，Yの立場からすると，なぜXに業態を正確に伝えずにいたのでしょうか。

　まず，ガールズバーとは，女性バーテンダーが中心となって酒類を提供する業態のバーをいいます。食品衛生法に定める飲食店営業許可や深夜酒類提供飲食店営業開始届出といった行政手続きを取ることで開業が可能です。これらの行政手続きの要件を見るに，貸主の承諾が必要とはされていません。

　そのため，本件のように，本当の業種を事前に貸主に伝えることなく，なし崩しに開業させてしまう事案が見受けられるところです。

5　本当に貸主の承諾が不要なのか

　とはいえ，食品衛生法に定める要件を満たせば貸主の承諾が必要ないという

ものでもありません。

　たとえば，ガールズバーではカラオケのデュエットなど「接待行為」を伴う
ことが多いでしょう。この場合，「風俗営業等の規制及び業務の適正化等に関
する法律」（いわゆる「風営法」）に定める風俗営業許可が必要になります。こ
の風俗営業許可の要件の一つとして，貸主の使用承諾書の提出を管轄の警察署
から求められることがあります。

　本件では，YがXの使用承諾を得ていません。そこで，甲としては，Yに対
して「このまま開業したときには，無承諾営業で警察に通報する」と警告する
といった方法が考えられるところです。

　Yとしては，仮に開業後に警察の取り締まりを受けた場合，収益を上げるこ
となく廃業に追い込まれるリスクがあるでしょう。そうなっては，貸主の承諾
を得ずになし崩しにガールズバーを開業するという目論見が外れることになり
ますので，本件建物を退去する方向で撤退を検討せざるを得なくなるでしょう。

▌6　原状回復などのリスクの回避

　甲としては，このような風営法に係る主張をするによって，Yを押し込める
ことができるかもしれません。しかし，Yが破れかぶれになって，内装を放置
したまま居なくなってしまうリスクがあります。その場合，Xは残置物をYに
無断で撤去することはできず，建物明渡請求を行って，最終的に強制執行を申
し立てなければなりません。強制執行のための費用が掛かるうえ，次の賃借人
に貸すまでに時間も掛かります。敷金の範囲内で原状回復費用が収まるのかに
ついても検討が必要でしょう。

　このような状況を踏まえると，甲としては，裁判手続きと並行して，たとえ
ば，保証金の一部を返還することを条件として賃貸借契約を合意解除すると
いった形での交渉なども考えられるでしょう。

第 **2** 章

立退き交渉

更新拒絶の正当事由とは何か

事案の概要

(1) 賃貸人Xと賃借人Yは，マンションの1室（以下「本マンション」という）につき，賃料月額5万円，賃貸借期間2年間とする賃貸借契約を締結した（以下「本賃貸借契約」という）。更新時には賃料1か月分を更新料として支払う旨の定めを置いた。

(2) その後，賃貸借契約は合意更新を繰り返して30年間が経過した。この間，近隣の都市開発が急激に進み，本マンション所在地は魅力的な街として認知されるようになった。

(3) Xには自宅があり，特段本マンションを使用しなければならない事情はないものの，セカンドハウスとして本マンションをX自身が使用したいと思うようになった。そこで，XはYに対して契約期間満了の6か月前までに「間もなく契約期間が満了します。本賃貸借契約を更新させず終了させます」と伝えた。すると，Yは「住み慣れた本マンションを出ていくつもりはありません。更新拒絶の正当事由があるとは思えません。たとえXさんが更新に合意してくれなくても，私は引き続き本マンションに住み続けます」と回答した。

(4) 更新期限を迎えると，Yは更新料相当額を支払い，本マンションから退去することもなく，以後，本賃貸借契約のとおりに賃料を振り込んできた。

(5) Xは「本マンションは自分のものなのだから，自分が使いたいタイミングで使えるのは当然のはず。更新させないと伝えたのだから，本賃貸借契約は終了している」と思うに至った。しかし，どのようにYに対応すればよいのか分からず，弁護士甲に法律相談することとした。

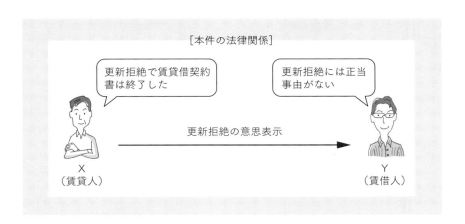

1　問題の所在

　Xはセカンドハウスとして本マンションを使用したいとの理由で本賃貸借契約の更新を拒絶しています。更新拒絶の意思表示により契約を終了させるために必要な「正当事由」とはどのような事由をいうのでしょうか。また，一見して正当事由の要件を満たさないと思われるときに立退き交渉を行うことに意義はあるのでしょうか。

2　賃貸借契約を終了させるための「正当事由」とは何か

　期間満了の1年前から6か月前までの間に，当事者の一方が相手方に対して更新拒絶の通知をしなかった場合には，これまでの契約内容と同じ条件（従前の契約と同一の契約条件）で賃貸借契約が更新することとなります（借地借家法26条1項）。これを法定更新といいます。賃貸人が期間満了時に法定更新を拒絶する場合には，賃貸人が賃借人に土地や建物からの立ち退きを求めることについて「正当事由」が必要とされています（借地借家法28条）。「正当事由」がなければ，賃貸人がした更新拒絶によって賃貸借契約を終了させるという法的効果が生じません。

　この「正当事由」については，借地借家法28条が，①賃貸人の建物使用を

必要とする事情，②賃借人の建物使用を必要とする事情，③従前の経過，④建物の利用状況，⑤建物の現況，⑥立退料の申出を考慮して総合的に判断するものと定めています。

3　正当事由における立退料

　裁判例を見ると，上記①④⑤の例としては，たとえば，家族の介護，建物老朽化，再開発計画といった様々な事由が見受けられます。とはいえ，そのような事情はそうそうあるものではありません。実際には，上記⑥の立退料をもって調整せざるを得ないことが間々あります。

　Xが建物使用を必要とする事情としては，セカンドハウスとして本マンションを使用したいというものであり，それだけでは正当事由を基礎づける事情として弱いことは否めません。Xがどの程度の立退料を負担する意向があるのかが重要であることは言うまでもないことですが，立退料の多寡にかかわらず，Yが立ち退きに応じないときには，更新拒絶によって本賃貸借契約を終了させることはできないことが予想されます。

4　立退き交渉を行う意義

　従前の当事者間の協議の状況にかかわらず，弁護士が代理人として介入することを契機に賃借人の意向に変化が生じることもあります。賃借人が物件に居住し続けることに頑なな態度を取り続けることばかりではなく，話し合いを継続する中で，立退料の多寡で解決することもあれば，立退料だけではなく代替地の手配などを条件としてより柔軟な解決が図られることも珍しいことではありません。一見して正当事由の要件を満たさないと思われるときに立退き交渉を行うことには，それなりの意義はあるといえます。ただし，甲としては，あくまでも相手のあることですので，依頼者であるXに対して「上手くいくとは限らない」ということを事前に説明しておくことが大切でしょう。

事例 2-2 更新拒絶の意思表示と遅滞なき異議

事案の概要

(1)　賃貸人Xと賃借人Yは，マンションの１室につき，契約期間を２年間とする賃貸借契約を締結した（以下「本賃貸借契約」という）。

(2)　Xは，マンションの老朽化が進んで壁の一部が傾くなど倒壊の危険があることから取り壊したいと思い，契約期間満了の６か月前までに，Yに対して更新拒絶の意思表示をした。

(3)　契約期間が満了してもYは退去せずに居住を継続しており，従来の賃料と同額を支払ってきた。Xとしては，本賃貸借契約が終了しているものの，Yが使用していることには変わりはないので，Yが退去するまでの間は賃料と同じだけの金額がこれまで通りに支払われるのは当然のことだと考えていた。

(4)　契約期間満了から１年間が経過し，Xはいい加減にYには退去してもらいたいと考えて，Yに対して「本賃貸借契約は終了したので速やかに明け渡してほしい」との通知を送った。しかし，Yから「法定更新しているので賃貸借契約は終了していない。Xが更新後に遅滞なく異議を述べていない」との回答が届いた。Xは対応に苦慮して弁護士甲に法律相談することとした。

[本件の法律関係]

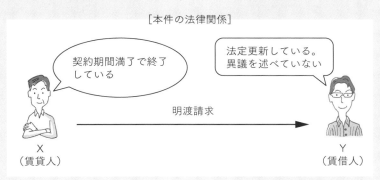

1　問題の所在

　Xとしては，更新拒絶の意思表示をしているのに退去しないYに対して業を煮やしている様子です。これに対してYは法定更新により本件賃貸借契約は存続しており，Xがそのことに遅滞なく異議を述べなかったと主張しています。本件では，Xが事実上放置してしまっていたことが原因の一つと見受けられるところです。甲としては，どのような対応が考えられるのでしょうか。

2　更新拒絶の意思表示

　まずは法定更新と更新拒絶の意思表示の関係を整理したいと思います。建物の賃貸借について期間の定めがある場合，賃貸人が期間の満了の1年前から6か月前までの間に賃借人に対して更新をしない旨の通知または条件を変更しなければ更新をしない旨の通知をしなかったときは，従前の契約と同一の条件で契約を更新したものとみなされます（借地借家法26条1項）。これを法定更新といいます。Xはこの更新拒絶の意思表示を期間内である6か月前までに行っています。Xとしては，借地借家法26条1項の要件をクリアーしているといえるでしょう。

3　更新拒絶の正当事由があるのか

　賃貸人からの更新拒絶の通知には正当事由がなければ契約を終了させる効力がありませんので（借地借家法28条），ただ更新しないと言えば足りるのではありません。本件ではマンションの老朽化が進んで壁の一部が傾くなど倒壊の危険がありますので，Xの更新拒絶の通知については，（一応）正当事由が認められるように思われます。

4　遅滞なく異議を述べているか

　更新拒絶の通知をした場合であっても，契約期間が満了した後に賃借人が建物の使用を継続する場合，賃貸人Xとしては，遅滞なく異議を述べなければ契

約を終了させることができません（借地借家法26条2項）。せっかく更新拒絶の通知をしているのに，賃貸人が放置していると法定更新するリスクがあるので要注意です。

　期間の長短というものは元来相対的な概念ですので，「遅滞なく」という概念も，賃貸借契約の具体的事情に応じて相対的に決まるべきものといえます。もっとも，本件では，Xの内心はともかく，外形上は賃料の受け取りを拒絶しておらず，1年間もの間，物件の使用を黙認している形になっており，「遅滞なく」といえるかと言うと難しい状況です。今から大急ぎで異議を述べることで借地借家法26条2項の要件をクリアーさせるというわけにはいかないでしょう。甲としては，立退き交渉に切り替える，次の更新のタイミングを待つといったアドバイスをXにすることになるでしょう。

　なお，土地賃貸借の事案で，期間満了後1年半後に述べられた賃貸人の異議であっても，特段の事情があるときは，借地法6条にいう「遅滞ナク」述べられたものに当たると解した判例があります（最判昭和39年10月16日判例タイムズ170号115頁）。しかし，これは珍しい事例判断ではないでしょうか。

49

賃料増額請求を組み合わせて交渉する

事案の概要

(1) 賃貸人Xと賃借人Yは，マンションの1室（以下「本マンション」という）につき，賃料月額5万円，賃貸借期間2年間とする賃貸借契約を締結した（以下「本賃貸借契約」という）。更新時には賃料1か月分を更新料として支払う旨の定めを置いた。

(2) その後，賃貸借契約は合意更新を繰り返して30年間が経過した。この間，近隣の都市開発が急激に進み，本マンション所在地は魅力的な街として認知されるようになった。

(3) Xには自宅があり，特段本マンションを使用しなければならない事情はないものの，セカンドハウスとして本マンションをX自身が使用したいと思うようになった。そこで，XはYに対して契約期間満了の6か月前までに「間もなく契約期間が満了します。本賃貸借契約を更新させず終了させます」と伝えた。すると，Yは「住み慣れた本マンションを出ていくつもりはありません。更新拒絶の正当事由があるとは思えません。たとえXさんが更新に合意してくれなくても，私は引き続き本マンションに住み続けます」と回答した。

(4) 更新期限を迎えると，Yは更新料相当額を支払い，本マンションから退去することもなく，以後，本賃貸借契約のとおりに賃料を振り込んできた。XはどのようにYに対応すればよいのか分からず，弁護士甲に法律相談することとした。

(5) 法律相談に際し，甲は「セカンドハウスとして使用したいというだけでは本賃貸借契約を終了させることは難しいです」と回答した。すると，Xは「何とか賃料を増額したいです。賃料を増額すれば，Yはもっと割安な物件に引っ越して自然と退去するかもしれません。それに，もし退去しなくても，せめて賃料は増えるのだから納得はできるというもので

す」と述べた。

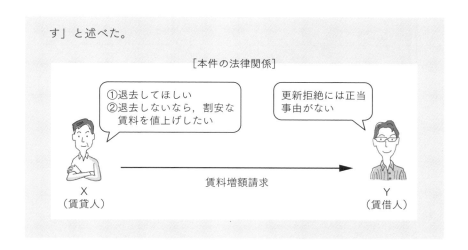

[本件の法律関係]

①退去してほしい
②退去しないなら，割安な
　賃料を値上げしたい

更新拒絶には正当
事由がない

賃料増額請求

X
（賃貸人）

Y
（賃借人）

1　問題の所在

　割安な賃料が増額した場合には，賃借人にとって割に合わない物件となることもあります。賃料がいくらかというのは，賃借人にとって重大な関心事なのです。事案の特性次第ではありますが，立退き交渉に賃料増額請求を組み合わせることで，将来的に賃貸借契約が終了することに繋がっていくこともあるでしょう。

2　賃料増額請求の手順

　まずは賃借人と話し合って，当事者双方が増額に合意することを目指すのが適切です。経済事情の変動や近隣の賃料との比較で，現行賃料が不相当な金額であることを具体的な根拠として示しながら賃借人の説得を試みるのです。それでも賃借人が増額に合意しない場合には，裁判所に対して賃料増額調停を申し立てます。さらに調停が不成立となったときに，賃料増額請求訴訟を提起します。このように，賃料増額請求は，調停前置主義などを踏まえつつステップを踏みながら進めていくこととなります。

【賃料増額請求の手順】

任意交渉（賃料増額の意思表示）
↓
賃料増額調停の申立て
↓
賃料増額請求訴訟の提起

3 まずは賃料増額の意思表示をすること

　Xとしては，まずはYに対して賃料増額の意思表示を行うことになります。賃料増額の意思表示は形成権であり，いつの時点でなされたのかは重要なポイントです。いつまでに発生した分が現行賃料のままで，いつから発生する分が増額の対象になるのかをはっきりと証拠化する必要があります。

　この意思表示の証拠化の方法としては，メールや手紙でのやり取りの他に，配達記録付き内容証明郵便を特定記録郵便と一緒に送付するといった方法があります（ 事例7-4 ， 事例7-5 参照）。

4 契約期間の途中での意思表示が可能か

　賃料増額の意思表示については，更新のタイミングなど契約期間の満了を待つ必要は必ずしもなく，賃貸借契約期間の途中であっても賃料増額請求をすることは可能です。もっとも，たとえば，賃料を据え置いて合意更新した直後であるといった事情（直前合意時点が間近い）があるなど，賃料増額請求を次回の更新のタイミングに後ろ倒しにするのが適切な場面もあります。

5 増額の根拠をきちんと示すこと

　借地借家法32条1項が，賃料増額を判断する際の事由として，「固定資産税や修繕費などの租税その他の負担の増加」「経済事情の変動」，「近傍同種の建

物の借賃に比較して不相当」といった事由を掲げているところです。

　こうした法律論を離れた人情として，賃貸人がただ「賃料を（いくらに）値上げする」と伝えても，賃借人が納得することはまずありません。上記各事由に即したうえで，賃借人の納得を得るようきちんとした根拠を示していくのが適切であることは言うまでもないことです。

【借地借家法32条１項が定める事由】

①固定資産税や修繕費などの負担の増加
②経済事情の変動
③近傍同種の建物の借賃に比較して不相当

6　各事由の検討

(1)　「固定資産税や修繕費などの負担の増加」について

　収入と支出の比較で赤字なのかをリサーチすることとなります。収入といえば賃料を意味しますし，管理費や修繕費といった支出については比較的容易に資料を整えることが可能といえます。

　なお，本件のように30年以上前に賃貸借契約を締結している場合には，固定資産税評価額などの過去の資料を収集できないこともあります。

(2)　「経済事情の変動」について

　固定資産税評価額，公示地価，取引価格，経済指標（消費者物価指数等）といった経済指標を用いることになります。

(3)　「近傍同種の建物の借賃に比較して不相当」について

　対象物件と立地が近く，築年数，間取り，面積，駅からの距離などが近しい条件の物件情報を探してくることになります。甲としては，不動産管理会社な

どの協力が得られるようであれば，物件情報の収集自体はそれほど難しい作業ではありません。ただし，選定した物件の情報が適切かどうかについては精査する必要があるでしょう。

7　不動産鑑定士による鑑定を行うか

不動産鑑定士が賃料の増額について意見書を作成することで証拠力が高い資料を得ることができます。もっとも，不動産鑑定士報酬などのコストとの兼ね合いを考慮して鑑定を行うのか判断せざるを得ません。

8　任意交渉の意義

増額して割高な賃料に変更されると判明したときには，賃借人が自発的に賃貸借契約の中途解約を申し出ることもあります。賃料増額請求が結果として，本マンションを自己使用したいというXの意向に適うこともあるでしょう。

また，仮に任意交渉が決裂して裁判手続きに移行した場合に，訴訟提起前の交渉の経緯を関連する事実関係として主張することで，裁判段階での柔軟な解決を図る際に役立つことがあるでしょう。

9　立退き交渉での創意工夫

賃借人が交渉のテーブルに着いたときには，まさに甲の創意工夫が試されることになります。たとえば，Xが早期に賃貸借契約を終了させたいと望むようであれば，立退料の支払いや代替地の手配などを条件に，本賃貸借契約を前倒しして終了させることを提案することが考えられます。

この他に，賃貸借契約の残期間の賃料を現行賃料と据え置きする代わりに，契約期間満了時に賃貸借契約を終了させるといった条件提示なども考えられるところです。

立退き交渉と耐震診断の結果

事案の概要

(1)　Xは，築50年の 1 棟のビルを所有している（以下「本物件」という）。Xは Yに対して，本物件の 1 室につき，使用目的を飲食店，賃料月額20万円，賃貸借期間 4 年間とする賃貸借契約を締結した（以下「本賃貸借契約」という）。

(2)　その後，本賃貸借契約は合意更新を繰り返して20年間が経過した。この間，本物件の老朽化が進んだ。

(3)　本物件は旧耐震基準で建築された建築物であり，老朽化が進んでいることから，耐震診断の結果，安全性の評価が「Ⅱ」（地震の震動および衝撃に対して倒壊し，または崩壊する危険性がある）と判断されて，その安全性が行政機関から公表された。

(4)　Xとしては，耐震改修工事を実施する場合，多額の費用を要するが，その費用を負担することが困難であり，本物件を取り壊して，取り壊し後に耐震基準を充たす建物を新たに建てることとした。

(5)　そこで，Xは Yに対して「耐震診断の結果，震度 6 強から 7 に達する程度の大規模の地震が発生したときには，本物件が倒壊等のおそれがありますので，本物件を取り壊すことになりました。つきましては，本賃貸借契約を中途解約しますので， 6 か月間以内に退去してください」と伝えた。すると，Yから「震度 6 強から 7 に達する程度の大規模の地震がいつ発生するというのか。むしろ，震度 5 強程度の中規模地震に対しては損傷が生ずるおそれは少なく，倒壊するおそれはないくらいの強度がある。危険というなら耐震改修工事で対応してほしい。ここで永年営業していてお客さんも地元客ばかりで易々と退去できるものではない。どうしても退去してほしいのであれば，相応の立退料を支払ってほしい」と回答した。

(6) 間もなく退去期限の6か月間を経過するが，Yが退去する様子はない。Xとしては「耐震改修工事を実施すると建て替え以上の費用が掛かってしまうので現実的ではない。やはりこの機会に本物件を建て替えたい。危険だから建て直すのにどうして立退料が必要なのか。立退料なしでYには退去してもらいたい」と思うに至った。しかし，どのようにYに対応すればよいのか分からず，弁護士甲に法律相談することとした。

[本件の法律関係]

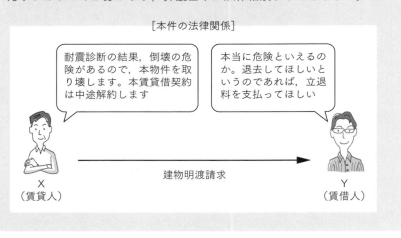

耐震診断の結果，倒壊の危険があるので，本物件を取り壊します。本賃貸借契約は中途解約します

本当に危険といえるのか。退去してほしいというのであれば，立退料を支払ってほしい

X（賃貸人） 建物明渡請求 Y（賃借人）

1 問題の所在

Xが耐震診断の結果を理由に，本賃貸借契約を中途解約する旨の意思表示をしましたが，Yは争う姿勢を示しています。とはいえ，絶対に退去せず徹底的に争うというよりも，相応の立退料の支払いがあれば退去してもよいとのYの意向を見て取ることができます。このような場合，甲としては，立退料についてどのような点に留意しながら立退き交渉を進めるのが適切でしょうか。

2 耐震診断の結果の意味

本件では耐震診断の結果が問題となっています。まずは，耐震診断の結果からどのようなことが分かるのでしょうか。

　客観的な指標として，「耐震診断義務づけ対象建築物の耐震診断の結果の公表について（技術的助言）」（平成31年１月１日国住指第3209号）があります。ここでは，震度６強から７に達する程度の大規模の地震に対する安全性の評価を「Ⅰ～Ⅲ」で区分するものとしています。

　ただし，いずれの区分に該当する場合であっても，違法に建築されたものや，劣化が放置されたものでない限りは，震度５強程度の中規模地震に対しては損傷が生ずるおそれは少なく，倒壊するおそれはないものとされています。また，地震に対する安全性の評価がⅠ，Ⅱであっても，それをもって違反建築物とは扱われません。

【耐震診断結果における安全性の評価区分】

安全性の評価	構造耐力上主要な部分の地震に対する安全性
Ⅰ	地震の震動および衝撃に対して倒壊し，または崩壊する危険性が高い。
Ⅱ	地震の震動および衝撃に対して倒壊し，または崩壊する危険性がある。
Ⅲ	地震の震動および衝撃に対して倒壊し，または崩壊する危険性が低い。

3　解約による建物賃貸借の終了

　賃貸借契約の契約期間中であっても，賃貸人が賃貸借契約を中途解約することが可能です。借地借家法は，建物の賃貸人が賃貸借の解約の申入れをした場合においては，建物の賃貸借は，解約の申入れの日から６か月間を経過することによって終了するものと定めています（借地借家法27条１項）。

　なお，Ｙが中途解約の意思表示から６か月間が経過した後も本物件の使用を継続するようであれば，Ｘが遅滞なく異議を述べておかなければ契約が存続するものとみなされます（借地借家法27条２項，同26条２項）。甲としては，契約期間満了後に，すかさず異議を述べる準備をしておく必要があります。

4 賃貸借契約を終了させるための「正当事由」とは何か

　賃貸人が賃貸借契約を中途解約する場合には，賃貸人が賃借人に土地や建物からの立ち退きを求めることについて「正当事由」が必要とされています（借地借家法28条）。「正当事由」がなければ，賃貸人がした解約の申入れによって賃貸借契約を終了させる法的効果が生じることはありません。

　この「正当事由」については，借地借家法28条が，①賃貸人の建物使用を必要とする事情，②賃借人の建物使用を必要とする事情，③従前の経過，④建物の利用状況，⑤建物の現況，⑥立退料の申出を考慮して総合的に判断するものと定めています。

5 耐震診断の結果と正当事由

　ケースバイケースなのはもちろんですが，裁判例を見ると，たとえば，上記①④⑤として建物老朽化や耐震診断の結果といった事情を挙げたうえで，⑥の立退料の金額で調整して正当事由の有無を判断するものが間々あります。

　本件では，耐震診断の結果，安全性の評価が「Ⅱ」（地震の震動および衝撃に対して倒壊し，または崩壊する危険性がある）と判断されています。大地震がいつ来るかは正確には分からないとしても，耐震強度が不足している本物件をそのまま放置しておくのは妥当とはいえません。そうはいっても，直ちに耐震改修工事を実施できるかというと，耐震改修工事を実施すると建て替え以上の費用を要することも無視できない事情の一つです。耐震改修工事を実施するのではなく，立退料を払って建て替えする方が合理的な場面もあるでしょう。

　裁判例では，耐震診断の結果だけをもって直ちに立退料を考慮せずに正当事由が認められるものではないと判断する傾向にあります。甲としては，本物件の危険性や賃貸人側の有効利用（本件では，取り壊し後に新たに耐震強度を充たす建物を建てる計画があること）を主張することは大事ですが，Yの営業補償の主張を無視するのではなく，立退料についても合わせて考慮していく必要があるでしょう。

Case Study
事例
2-5

立退き交渉と営業補償

事案の概要

(1) Xは，築30年の１棟のビルを所有している（以下「本物件」という）。

(2) XはYに対して，本物件の１室につき，使用目的を飲食店，賃料月額20万円，賃貸借期間４年間とする賃貸借契約を締結した（以下「本賃貸借契約」という）。Yは本物件でスナックを開業した。

(3) 賃貸借契約は合意更新を繰り返して20年間が経過した。本物件は老朽化が進み，空きが目立ってきた。Xはこの機会に金融機関から融資を受けたうえで，本物件を取り壊して新たな建物を建てることとした。

(4) そこで，XはYに対して「本物件の老朽化が進んだので，建て替えを行うことになりました。つきましては，契約期間満了で本賃貸借契約を更新せずに終了させたいです。立退料をきちんとお支払いするのでご了承ください」と伝えた。すると，Yから「業態がスナックなので，お客さんは永年の地元客ばかり。同じ地域には代替店舗も見つからない。もし退去するなら，移転による一時休業というよりも廃業と何一つ変わらない。どうしても退去してほしいのであれば，相応の立退料を支払ってほしい」と回答した。

(5) Xとしては，「Yの言い分も分からないではない。そうはいっても，立退料が高額に過ぎるのは困る。どうすれば立退料を抑えることができるのだろうか」と思うに至った。しかし，どのようにYに対応すればよいのか分からず，弁護士甲に法律相談することとした。

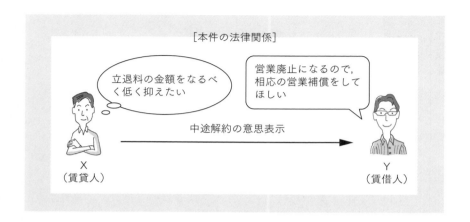

[本件の法律関係]

立退料の金額をなるべく低く抑えたい

営業廃止になるので，相応の営業補償をしてほしい

中途解約の意思表示

X
（賃貸人）

Y
（賃借人）

1　問題の所在

　本件では，Yが営業廃止を前提とした営業補償を求めてきました。Xとしては，なるべく立退料を低く抑えたいのが偽らざる本音です。営業補償の金額を抑えるために工夫できることはないのでしょうか。

2　任意交渉段階での立退料

　借地借家法28条は更新拒絶の正当事由を認めるかどうかにつき，いわゆる「立退料」を考慮するものと定めています。借地借家法は立退料の具体的な算出方法を定めていないものの，裁判例では様々な事案の蓄積があり，ある程度の相場観が見受けられるところです。もっとも，任意交渉の段階では，当事者間の相対で済むため，いわゆる「言い値」ということになります。とはいえ，ある程度客観的な基準を用いて交渉するのが適切です。

3　「用対連基準」による営業補償の算出

　実務上の通例として，営業補償の算定に際しては「用対連基準」を用いることが多々あります。用対連基準とは，「公共用地の取得に伴う損失補償基準」と「公共用地の取得に伴う損失補償基準細則」のことをいいます。いずれ

も公共用地の取得の場面に用いる基準であって，ある程度客観的な基準といえます。これを私人間の立退き交渉でも活用することは有用です。

4 「用対連基準」による営業補償の種類

用対連基準では，営業休止補償と営業廃止補償とで，補償額の算定方法を分けて規定しています。立ち退きによって，賃借人が営業を移転するのか，営業を廃止せざるを得ないのかどうかで，営業補償の金額の算定方法が大きく異なります。営業を廃止せざるを得ないケースでは，営業廃止をすることとなった場合に事業者が受ける損失を補償することになります。一般的には，営業を移転するケースに比べて高額になることが多いでしょう。営業廃止と営業休止を分ける指標となるべき事情は様々ですが，代替店舗を手配可能かどうかが一つの判断要素となるでしょう。

5 スナックの代替店舗を手配可能か

業種によっては代替店舗の手配が困難なことがありますので，賃借人の業種の特性をきちんと把握しておく必要があります。

本件では，Ｙは本物件においてスナックを営んでいますが，スナックの代替店舗の検討に際しては注意が必要です。商業地域や準工業地域といった限られたエリアでなければスナックを開業することができません。スナックを開業するためには，風俗営業等の規制及び業務の適正化等に関する法律に基づく許可申請が必要であり，場所的制限（都市計画法に基づく用途区域や保全対象施設の距離制限）による営業規制を受けているからです。

また，スナックは店舗周辺の顧客が中心の地域密着型であることが多い一方で，大家がスナックをテナントとして受け入れる物件自体が少ないというのが実情です。近隣に代替店舗が見つからないことは，廃業のリスクがある方向の事情となるでしょう。

甲としては，代替店舗の手配が可能かどうかを確認していくのが，立退料を抑えるために有効な方法ということになります。代替店舗の手配が困難なとき

には，営業廃止を前提にした補償額の算定も検討せざるを得ないでしょう。

▍6　裁判手続きへの移行

　結局のところ任意交渉の段階は相対であっていわゆる「言い値」ですので，嫌なものは嫌だと拒絶することができるため，甲がいくら「用対連基準」で営業補償の金額を算出した場合であっても，Yの希望する金額との乖離が著しいときには，合意に至ることは難しいでしょう。この場合，甲としては，「用対連基準」に従った営業補償の金額をYに対して立退料として提示したうえで，裁判手続き（調停申立または訴訟提起）に移行させて，相当な立退料と建物明渡の引換給付の調停，判決または和解を目指していくこととなります。そのためには，任意交渉の段階でXとして合理的な立退料を提示することが大切なステップと言えます。

Case Study
事例
2-6

生活保護と立退料

事案の概要

(1) 賃貸人Ｘと賃借人Ｙは，マンションの１室（以下「本マンション」という）につき，賃料月額５万円，賃貸借期間２年間とする賃貸借契約を締結した（以下「本賃貸借契約」という）。

(2) 本賃貸借契約に先立つ契約審査の際，Ｙが生活保護受給者であるとの申告があった。

(3) Ｘは，本マンションの築年数が古く，老朽化が進んだことから，建て替えの必要を感じるようになった。そこで，ＸはＹに対して「間もなく契約期間が満了します。本賃貸借契約を更新せずに，期間満了で終了させます。適切な立退料はきちんとお支払いします」と伝えた。すると，Ｙは「私は生活保護受給者なのでケースワーカーと相談させてください。生活保護の受給に影響が生じるようなら退去したくないです」と回答した。

(4) Ｘとしては，Ｙの希望を叶えつつ退去してもらいたいとは思うものの，Ｙの生活保護の受給に影響が出ないためにはどうすればよいのか分からず，弁護士甲に法律相談することとした。

[本件の法律関係]

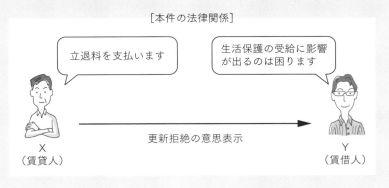

立退料を支払います

生活保護の受給に影響が出るのは困ります

更新拒絶の意思表示

Ｘ（賃貸人）

Ｙ（賃借人）

1 問題の所在

　老朽化した古い建物は賃料相場が低いこともあり，生活保護受給者が賃借人となることは珍しくありません。賃借人が生活保護受給者である場合，立退料の支払いによる収入の発生が生活保護に影響することがあります。どのような配慮をすれば立退き交渉は円滑に進むのでしょうか。

2 生活保護受給者が懸念している背景事情

　住居などを明け渡して立退料を受け取った場合，立退料は賃借人の収入となります。被保護者が生活保護を受給しているときに収入があった場合，生活保護費相当額の返還義務が定められています（生活保護法63条）。生活保護受給者が立退料を受け取り，その後も生活保護受給を継続する場合，生活保護費の返還等で生活保護受給額などが調整されます。こうした生活保護制度の仕組みがあるため，入居費用や引越し費用の持ち出しが生じないようであればそれで満足し，立退料の受け取りを積極的には望まない生活保護受給者が見受けられるところです。

　また，立退料を受け取った場合，生活保護受給者は福祉事務所等に対して収入の届出が必要となります（生活保護法61条）。報告義務を怠った場合，生活保護が停止または廃止となることがあります（生活保護法26条）。

　このように，生活保護受給者の立場からすると，立退料を受け取るかどうかは生活の根本に関わる大問題です。Yの懸念はもっともといえるでしょう。甲としては，速やかな退去を実現することが目的ですので，Yが何を望んでいて何を懸念しているのかきちんと確認していく必要があります。

3 ケースワーカーとの相談のアシスト

　生活保護受給者はケースワーカーからの指導や相談助言を受けながら生活保護費を受給しています。立退き交渉に際しては，賃借人が福祉事務所のケースワーカーに相談するために十分な時間的余裕を設けることが適切です。

　Ｙが状況をきちんと伝えることが難しいこともあるでしょう。場合によっては，甲がケースワーカーと直接やり取りする，立退き交渉の状況について報告文書を作成してＹに渡すといった工夫をするのが良いでしょう。

4　住宅扶助の支給

　生活保護受給者は厳しい財産上の制約を受けているところです。もっとも，工夫次第では生活保護受給者が転居する際に住宅扶助として入居費用や引越し費用の支給を受けるだけではなく，立退料から引越先で必要な家具什器費（ガス台，照明等）を差引返還することが可能となる場合があります。生活保護受給者としては，立ち退きに応じることで，転居先での家具が新しくなるというメリットが得られるかもしれません。甲としては，生活保護受給者にとって進めやすい方向で協力することも大切です。

第 **3** 章

原告の選択

賃貸人の地位が移転した

Case Study 事例 3-1

(1) AとYは，Aが所有するマンションの１室につき，Aを賃貸人としYを賃借人とする賃貸借契約を締結した（以下「本件物件」という）。

(2) その後，Aは，Xに対し，本件物件を売り渡し，所有権移転登記を経由した（以下「本件承継」という）。この際，AとXとの間では，AがYに対して賃貸人がAからXに引き継がれたことを伝えておく取決めとなっていた。しかし，実際には，AはYに対してそのような通知をすることはなかった。

(3) 本件承継後，Yがすぐに賃料の支払いを怠るようになり，やがて，Yは合計３か月分の賃料を滞納するに至った。そこで，Xは賃料不払いを理由として建物明渡請求を行うこととし，弁護士甲に対して建物明渡請求を依頼した。

(4) 甲は相当期間を定めて合計３か月分の未払賃料全額の支払いを催告するとともに，催告期間が経過するまでに未払賃料全額の支払いがなければ本件賃貸借契約を解除する旨の意思表示をし（以下「本件解除通知」という），本件解除通知がYに到達した。

(5) すると，Yは甲に対して「自分が合計３か月分を支払っていないことは確かである。しかし，XがAから賃貸人の地位を引き継いだことなど一切知らされていないし，自分の承諾なく勝手に賃貸人が変わることなど許されない。今でも，XではなくAが賃貸人であり，何故Xに未払賃料を支払わなければならないのか分からない」と述べ，結局，催告期間が経過しても未払賃料を一切支払うことはなかった。

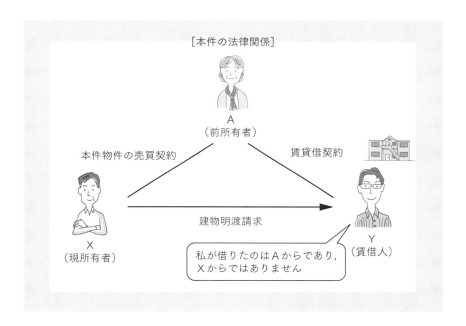

[本件の法律関係]

A
（前所有者）

本件物件の売買契約　　　　　　　賃貸借契約

建物明渡請求

X
（現所有者）

Y
（賃借人）

私が借りたのはAからであり，
Xからではありません

1　問題の所在

　本件賃貸借契約の解除権を行使する主体は賃貸人でなければなりません。しかし，YはXに賃貸人たる地位があることを争っています。AからXへ賃貸人たる地位が移転したと言えるのでしょうか。

2　賃貸人の地位が移転しているか

　契約上の地位の移転については，契約相手方の「承諾」（同意）が条件となります。契約相手方たるYは，本件賃貸借契約の賃貸人の地位の移転を知らず，しかも，承諾しないという意向を示しています。そのため，AからXへ本件賃貸借契約の賃貸人の地位が移転していないのではないかとも思えます。

3　所有権移転登記の経由

　もっとも，本件では，本件物件の所有権移転登記が経由されています。賃貸

物件の所有権が移転した場合，賃貸物件の売主から買主へ所有権移転登記を経由すれば，買主は，自分が所有権者であることを賃借人に主張できるのみならず，賃貸人の地位を取得したことも主張できるとするのが判例です（最判昭49・3・19民集28巻2号325頁）。

　そうしますと，仮にYが，AからXへ本件賃貸借契約の賃貸人の地位が移転したことを知らず，または，これを承諾しなかったとしても，XはYに対して本件賃貸借契約の賃貸人の地位を主張することができます。

　したがって，Xが賃貸人たる地位を主張できないとするYの反論には理由がないこととなります。

賃貸人の地位が移転する前の賃料はどうなるか

事例 3-2

Case Study

事案の概要

(1)　AとYは，Aが所有するマンションの1室（以下「本件物件」という）につき，Aを賃貸人としYを賃借人とする賃貸借契約（以下「本件賃貸借契約」という）を締結した。

(2)　本件賃貸借契約締結後，Yがすぐに賃料の支払いを怠るようになり，やがて，Yは，合計2か月分の賃料（以下「本件承継前賃料」という）を滞納するに至った。

　　Aは，契約開始の当初から賃料の支払いがないことに嫌気がさしたこともあり，本件物件を売却することとし，不動産投資を営むX社に本件物件の購入を打診した。Xは本件物件の収益性に期待し，本件物件を買い受けることとした。

　　その後，Aは，Xに対し，本件物件を売り渡し，所有権移転登記を経由した（以下「本件承継」という）。また，XはAより本件承継前賃料債権を譲り受けた。

　　この際，AとXとの間では，AがYに対し，賃貸人がAからXに引き継がれたこと，本件承継前賃料債権をXに譲り渡したこと，本件承継以降の賃料をXに対して支払うべきことを伝えておく取決めとなっていた。しかし，実際には，Aは，Yに対してそのような連絡をすることはなかった。

(3)　Yは，本件承継の後，さらに1か月分の賃料を支払わなかった（以下「本件承継後賃料」という）。

　　そこで，Xは，賃料不払いを理由として建物明渡請求を行うこととし，弁護士甲に対し，建物明渡請求を依頼した。

(4)　甲は，相当期間を定めて，本件承継前賃料及び本件承継後賃料の合計3か月分の未払賃料全額の支払いを催告するとともに，催告期間が経過

するまでに未払賃料全額の支払いがなければ，本件賃貸借契約を解除する旨の意思表示をし（以下「本件解除通知」という），本件解除通知がYに到達した。その後，Yが催告に応じることはなかった。

(5) 甲は，信頼関係の破壊を原因として本件賃貸借契約が解除により終了したと主張し，本件物件の建物明渡請求訴訟を提起した。

　ところが，裁判所は，訴訟提起後，甲に対し，本件承継前賃料がXに帰属するのかどうかにつき釈明を求めた。

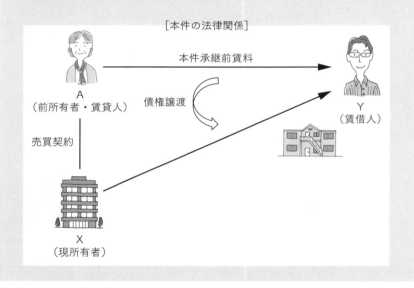

［本件の法律関係］

1　問題の所在

① 本件承継前賃料が発生したのは，AがXに本物件を売り渡す前のことです。Yが本件承継前賃料の支払いを怠ったという事情はXY間の信頼関係を破壊する評価根拠事実であると言えるのでしょうか。なお，裁判所としても，Xに対し，本件承継前賃料がXに帰属するのかどうかにつき釈明を求めていますが，これは言わんとしているのは同じことでしょう。

② 　Aが，訴訟提起後に，本件承継前賃料につき，Yに対して債権譲渡通知を
したときには，本件解除通知の効力に影響が生じるのでしょうか。

2　既に発生した未払賃料債権の移転

さて，甲はYが本件承継前賃料及び本件承継後賃料の合計3か月分の賃料
の支払いを怠ったという事情が本件賃貸借契約における信頼関係を破壊する評
価根拠事実であるものと主張しています。

しかしながら，本件承継前賃料が発生したという事情は本件賃貸借契約の賃
貸人の地位がAからXへ移転する前に生じた事情です。

先ほど，賃貸目的物の所有権が移転すれば賃貸人たる地位も新所有者に移転
すると述べましたが，これは，解除権を含む賃貸人たる地位が移転する，とい
う意味であり，賃貸人たる地位が移転するまでに既に発生した賃料債権まで，
当然に，新所有者（新賃貸人）に移転する，ということではありません。賃貸
人たる地位が移転するまでに発生した未払賃料債権については原則として旧賃
貸人のもとに留まり新賃貸人に当然に移転するものではありませんので，解除
権の移転の問題と，既に発生した未払賃料債権の移転の問題については分けて
考える必要があります。

したがって，本件承継前賃料については個別的に債権譲渡の手続きを取らな
い限り，新所有者たるXに承継されず，しかも，Xは本件承継前賃料の債権を
譲り受けた場合にのみ，その延滞を理由に解約権を行使することができること
となります（大判昭10・12・21，東京高判昭33・11・29判時176号21頁，幾
代通編『新版 注釈民法（15）』（有斐閣，1996）192頁，195頁参照）。

3　何が信頼関係の評価根拠事実か

債権譲渡における債務者に対する対抗要件（権利行使要件）としては，譲渡
人から債務者に対してされる債権譲渡の事実の通知，または債務者による債権
譲渡の事実についての承諾が定められています（民法467条1項）。

ところが，本件では，AとXとの間では，AがYに対して本件承継前賃料を

Xに譲り渡したことを伝えておく取決めとなっていましたが，実際には，Aは
Yに対してそのような連絡をしていません。そのため，譲渡人から債務者に対
してされる債権譲渡の事実の通知がなされておらず，債務者に対する対抗要件
を具備していません。また，Yは，争う姿勢を示しており，Yが債務者による
債権譲渡の事実についての承諾をするという見込みは乏しい状況にあります。

（注）　賃借人本人が口頭弁論期日に出頭するようであれば，期日において，賃借人から
　　　承諾を得るよう試みることも考えられるところです。賃借人の中には，潔い方も
　　　おられ，筋が通っているものと認識したなら，たとえ自らにとって不利な事情で
　　　あろうとも自白するケースが見受けられます。

　そうすると，Yが本件承継前賃料の支払いを怠ったことはXY間の信頼関係
の評価根拠事実とはなりえず，本件承継後賃料の1か月分の未払賃料債務が
発生したことだけが信頼関係の評価根拠事実に当たることとなります。
　したがって，甲としては，1か月分の賃料の未払いだけをもって本件賃貸
借契約を解除できるのか，本件訴訟を維持できるのかどうかも怪しく，なかな
か厳しい立場に置かれることとなります。

▎ 4　解除権を行使することができるか

　このような場合，甲が巻き返しを図るための一つの方法としては，Aの協力
を仰ぎ，今からでもYに対して債権譲渡通知をしてもらうことが考えられます。

（注）　債権譲渡通知は譲渡人がするのでなければならず（民法467条1項），譲受人が債
　　　権譲渡の通知をしたとしても譲渡通知の効力が生じませんので，債権譲渡通知の
　　　名義人を誰とするかについては注意が必要です。

　そうすれば，本件承継前賃料の合計2か月分の未払賃料債権についてもX
に帰属することになります。
　とはいえ，本件承継前賃料につきAによる債権譲渡通知がなされたとしても，
Xはその延滞を理由に解除権を行使することができるのでしょうか。
　Aによる債権譲渡通知がなされたとしても，それは本件解除通知の到達後相

当期間が経過した後の事情です。信頼関係破壊の評価根拠事実とは，催告期間が経過した解除権発生時の事情を指すところ，Aによる債権譲渡通知がなされたのは催告期間が経過した後のことであり，時的に見て，XY間の信頼関係破壊の評価根拠事実にはならないとも思えるからです。

　そうすると，Aによる債権譲渡通知がなされて本件承継前賃料がXに帰属したとしても「なおXY間の信頼関係が破壊されたとは言えない」との再反論がYからなされたときに，本当に勝ち切れるのか，疑問が残るところです。

【解除権が発生する時点】

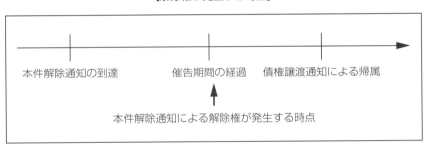

5　再度の解除の意思表示

　甲としては，本件承継後賃料のほかに，それ以降にさらに未払賃料が発生していればこれらの延滞を理由として本件賃貸借契約を解除する旨の意思表示をし，こうした事情を信頼関係破壊の評価根拠事実として追加的に主張していくのが現実的です。再度の解除の意思表示については既に訴訟係属していることから，内容証明郵便の発送ではなく，準備書面の提出により意思表示する方法も考えられます。

　ただし，再度の解除の意思表示をする場合，Yが未払賃料を全額支払ってくる可能性があり，仮にそのようなことがあれば本件訴訟を維持することはいよいよ難しくなります。

Case Study
事例
3-3

吸収分割して賃貸人の地位が移転した

事案の概要

　賃貸借事業を営む法人である賃貸人Zは，賃借人Yに対してマンションの1室（以下「本件物件」という）を賃貸借し，本件物件をYに引き渡した。

　その後，Zはその業務である賃貸借事業を吸収分割し，Xに対して承継させることとなった。そして，Zを分割会社とし，Xを分割承継会社とする会社分割契約を締結し，分割の効力発生に伴い，YZ間の本件賃貸借契約がXに承継された。

　そうしたところ，Yが賃料の支払いを怠るようになったため，XはYに対する建物明渡請求訴訟を提起した。

　Yは訴訟において「Zが会社分割したことなど知らない。賃貸人がZからXに変わったことなど与り知らない事情であり，私は，賃貸人は変わらずZであってXではないと考えている。したがって，Xから本件物件の明渡しを求められる謂われはない」との答弁書を提出した。

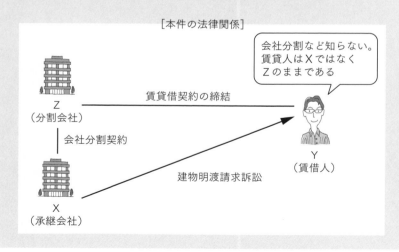

［本件の法律関係］

1　問題の所在

本件賃貸借契約の賃貸人たる地位がＺからＸへ移転していない場合，Ｘは賃貸借契約の終了に基づく建物明渡請求の原告適格を有しないこととなります。Ｙの言い分はまかり通るのでしょうか。

2　吸収分割の効力

(1)　債務者の承諾が必要か

契約上の地位の移転に際しては債務者の承諾が必要となるのが原則ですので，Ｘが賃貸人たる地位をＺから承継したと主張するためには債務者たるＹの承諾があったことを主張立証しなければなりませんが，ＹはまさにスからＸへの賃貸人たる地位の移転を承諾したことにつき不知との認否をしています。

もっとも，会社分割とは，株式会社等がその事業に関して有する権利義務の全部または一部を他の会社に包括的に承継されるもので，権利義務の承継を行うに際しては債権者保護手続のほかに債権者の同意を得る等の承継のための特段の行為をする必要はないものとされています。

(2)　会社分割契約書の証拠提出

本件では，Ｚの賃貸借事業がＸへ吸収分割されていますので，ＸとしてはＺの賃貸借事業を吸収分割して承継し，本件賃貸借契約に本件会社分割の効力が及ぶことを主張立証すればＹの反論には理由がないこととなります。具体的には，Ｚの業務である賃貸借事業が承継事業に含まれていることを確認のうえ，会社分割契約書を証拠提出する方法が考えられます。

サブリース物件を引き継いだ

事案の概要

(1) Aは会社員を本業としていたが，ワンルームマンション経営による副収入を期待し，マンションの1室（以下「本件物件」という）を購入した。Aは本業の会社員としての仕事が忙しく，本件物件の管理業務を行うことが難しい状況にあったため，同日，管理会社であるB社との間でマスターリース契約を締結し，Bに対して本件物件の管理業務を委託した。

　　その後，BはYに対して本件物件を賃貸借した（以下「本件賃貸借契約」という）。

(2) Aはさらに収益性の高い賃貸物件を購入することとし，購入の原資を得るために，Zに対して本件物件を売り渡し，同日，所有権移転登記を経由した。

　　Zは本件物件の売買に伴い，管理業務の委託先をBからXに切り替えるためにAB間のマスターリース契約もまた終了させて，Xとの間で本件物件のマスターリース契約を締結した。

　　Xは，同日，Yに対して本件賃貸借契約の賃貸人の地位がBからXに移転したことを承諾するよう求めるとともに，翌月分以降の賃料をXの口座に振り込んで支払うよう求めることを記載した書面（以下「本件承諾書」という）を手渡したが，Yが本件承諾書に署名押印してXへ送り返すことはなかった。

(3) Yは，本件承諾書をXへ送り返すことはなかったものの，本件承諾書を受け取った後，本件承諾書のとおり，毎月の賃料をXの口座に振り込んで支払った。しかし，やがて賃料の支払いを怠るようになり，合計4か月分の賃料を滞納するに至った。

　　そこで，Xは相当期間を定めて上記未払賃料全額の支払いを催告

するとともに，催告期間が経過するまでに未払賃料全額の支払いがなければ本件賃貸借契約を解除する旨の意思表示をし，同意思表示がYに到達したが，結局，催告期間が経過しても未払賃料が支払われることはなかった。

(4)　その後，XはYに対して信頼関係の破壊を原因として本件賃貸借契約が解除により終了したと主張し，本件物件の明渡しを求めると同時に，上記未払賃料の支払いを求めて訴訟提起するに至った。

　　するとYは「自分が合計4か月分の賃料をXに対しても支払っていないことは確かである。しかし，本件承諾書など見たこともなく，XがBから賃貸人の地位を承継したことなど一切知らないし，自分の承諾なく勝手に賃貸人が変わることなど許されない。今でも，XではなくBこそが賃貸人であり，何故Xに賃料を支払わなければならないのか分からない」と反論する答弁書を提出した。

[本件の法律関係]

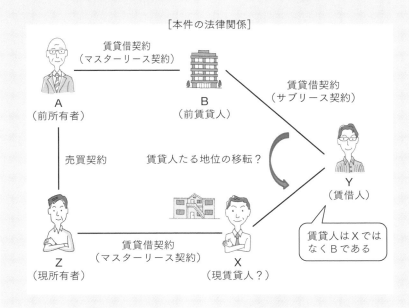

1 問題の所在

　本件では，マスターリース契約の切り替えに伴い，サブリース契約も切り替わるという複雑な法律関係があります。賃借人であるYはそれを奇貨として争ってきています。甲としては，BからXへの賃貸人たる地位の移転にYが承諾していないといった事情を踏まえて，実体法上の権利関係を整理したうえでYに対して反論していくことになるでしょう。

2 マスターリース契約とサブリース契約

　マスターリース契約とは，物件所有者が管理会社等に対して物件の賃料のうち一定割合に相当する金銭を支払うことを約すとともに，第三者に転貸することをあらかじめ承諾したうえで物件を引き渡す契約のことをいいます。マスターリースによって賃借した者がさらに賃借する契約のことを「サブリース契約」といいます。サブリース契約には様々な形態があり，一概に法的性質(注)を定めることはできませんが，一般的には，転貸借契約であると解されています。

（注）　なお，特殊な事例として，サブリース物件につき，賃貸人の地位を否定した裁判例があり（東京地判平26・5・29判時2236号113頁），この事案では，サブリース契約といえども，実質的には委任契約であるとの判断がなされています。賃貸人の地位それ自体が争われることもあるため，サブリース契約の実質については注意を払う必要があります。

3 本件の法律関係

　本件の法律関係を整理すると，Bは本件賃貸借契約の締結に先立って本件物件の所有者たるAとの間で賃貸借契約（原賃貸借契約）を締結し，本件物件を第三者へ転貸することにつき，承諾を得たうえで本件物件の引渡しを受けて，その後，Yとの間で本件賃貸借契約（転貸借契約）を締結し，Yに対して本件物件を引き渡しています。

4　訴訟物の立て方

　Xがマスターリース契約に基づいて本件物件を管理していますので，Xが原告となるのが適切といえます。XとしてはZを紛争に巻き込むのは本望ではないでしょう。Xが原告となる場合，賃借権に基づく建物明渡請求権（返還請求権）が訴訟物となります（民法605条の4）。

【本件の訴訟物】

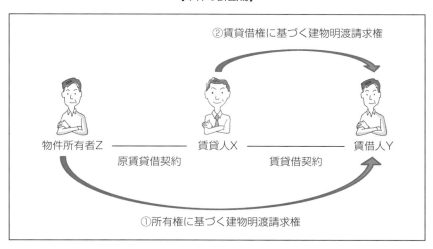

②賃貸借権に基づく建物明渡請求権

物件所有者Z ————— 賃貸人X　　　　　賃借人Y

原賃貸借契約　　　　　賃貸借契約

①所有権に基づく建物明渡請求権

5　賃貸人たる地位の移転の承諾について

　本件賃貸借契約の解除権を行使する主体は賃貸人でなければなりませんが，YはXが賃貸人たる地位にあることを争っています。そのため，BからXへ賃貸人たる地位が移転したのかにつき検討します。

　契約上の地位の移転に際しては，契約の相手方の承諾が必要になるのが原則であり（民法539条の2），不動産の所有権の移転が伴う場合であれば所有権移転登記がなされれば，例外的に契約の相手方である賃借人の承諾が不要となるものです（民法605条の2第3項）。

　しかし，本件では，物件の所有者たるZが管理会社たるXとの間でサブリー

ス契約を締結しているものであり，物件の所有者と本件賃貸借契約の賃貸人とが異なっていますので，AからZへの所有権移転登記の経由がなされたとしても，そもそも実体法上，XはYに対してBから賃貸人たる地位を取得したことを主張できるわけではありません。

　Xは本件物件の所有権者ではないため，BからXへの本件賃貸借契約における賃貸人の地位の移転につき債務者たるYの承諾（同意）がなければYに対してBから賃貸人たる地位を取得したことを主張することができません。

　本件ではYは賃貸人の地位の移転を争っていますので，甲としては，Yの承諾を主張立証しなければなりません。

6　明示または黙示の承諾

　Yは本件承諾書に署名押印してXへ送り返しておらず，Yによる明示の承諾を示す証拠はありませんが，Xとしては，Yによる黙示の承諾があったことを主張立証するほかありません。

　本件承諾書には，BからXへの賃貸人たる地位の移転した翌月分以降の賃料をXの口座に振り込んで支払うべきことが記載されているところ，Yは，翌月分以降の賃料をXの口座に振り込んで支払っています。仮に，Yが本件承諾書の内容に同意しないのであれば，Yとしては引き続きBの口座に賃料を支払って然るべきなのに，本件承諾書の記載と一致する行動をほかならぬY自身がしているのです。

　そこで，これらの事実を指摘してYによる黙示の承諾があったことを準備書面で主張するとともに，Xの通帳，本件承諾書の写しなどを証拠として提出することが考えられるところです。

第 4 章

被告の選択

法人契約の居住者をどのように特定するか

<u>事案の概要</u>

　Yは法人であり，従業員用の社宅として賃貸人Xからマンションの1室を借り受けた（以下「本件物件」という）。実際に居住するのが誰かについては，Yから居住届が提出されることはなかった。

　そうしたところ，Yは賃料の支払いを怠るようになったため，Xは賃料不払いを理由として建物明渡請求を行うこととし，弁護士甲へ依頼した。

　甲が訴訟提起に向けて準備を始めたところ，管理会社から「本件物件は頻繁に居住者が入れ替わっているので，誰が住んでいるのかよく分からないです」との連絡があった。甲は本件物件の居住者を特定できないことに気付いた。

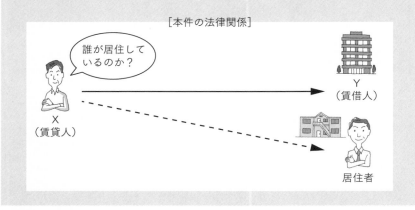

［本件の法律関係］

1　問題の所在

　法人の借上げ社宅の場合，誰が物件に居住するのかについては借主である法人に委ねられていることがあります。入居者の届け出が無い限り，賃貸人は誰が物件に居住しているのか把握できません。このような場合，どのような方法

で占有者を特定することができるのでしょうか。

　また，法人契約の場合には「連名契約」という形式が採られることがあります。連名契約の場合には，誰を被告にするのが適切でしょうか。

2　法人契約と居住者の特定

　法人の借上げ社宅といっても様々な形態があります。

　賃貸借契約の締結時に，実際の居住者を特定しておくのが一般的ですが，法人の寮として使用するときには，居住者の届け出がないケースもありうるところです。このような場合には，誰が居住しているのかをまずは現地調査することとなります。現地調査しても誰が居住しているのか不明であるとき等には，法人の債務名義だけを取得しても，執行段階で居住者が独自の占有権原を主張して第三者異議の訴えを提起する可能性もあります。

　そうなると明渡しの完了が遅れることとなるため，その予防策として，債務者不特定で占有移転禁止の仮処分の申立てをし，訴訟提起前に占有者を特定しておくのが望ましいものと言えます。

3　連名契約

　法人契約の一例として，「連名契約」という契約形態を取ることもあります。連名契約とは，法人と従業員の両者が共同賃借人となる法形式をいい，家賃補助制度を設けている法人において，一旦従業員が家賃を立て替えておき，その後，給与とともに家賃補助の支給を受けるという手順を踏むときに多用される傾向にあります。

　連名契約の場合，居住者たる従業員は占有補助者ではなく，占有権原を有する賃借人そのものですので，法人と従業員の双方を被告として選択するのはもちろんのことです。

法人契約の居住者が被告から漏れていた

事案の概要

(1) Ｙ１は法人であり，従業員Ｙ２が居住する社宅として，賃貸人Ｘから
マンションの１室を借り受けた（以下「本件物件」という）。

そうしたところ，Ｙ１は賃料の支払いを怠るようになったため，Ｘは
賃料不払いを理由として建物明渡請求を行うこととし，弁護士甲へ依頼
した。

(2) 甲は，実際に居住して本件物件を占有する者を被告にすれば十分だと
思い，Ｙ１を被告とせず，Ｙ２を被告として建物明渡請求訴訟を提起した。

Ｙ２は「自分はＹ１の従業員であって，Ｙ１の占有補助者にすぎない」
との答弁書を提出した。

すると，裁判所は，口頭弁論期日において，甲に対し，「原告代理人，
このままでは執行できないですよ」と述べた。

[本件の法律関係]

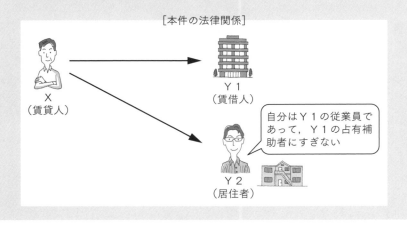

1　問題の所在

　本件では，Y2が被告に含まれておらず，裁判所から被告の選択が適切ではないのではないかとの示唆がありました。法人の借上げ社宅の場合，賃借人は法人で，占有者（居住者）は従業員となることがあります。このような場合，法人と従業員の双方を被告として訴訟提起するのが妥当でしょうか。

2　執行不能の危険

　Y2の言い分からすると，Y1が本件物件の占有者であり，Y2はY1の占有補助者であり，独自の占有権原がないとし，争わない姿勢を示しているものと考えられます。そうすると，Y1への債務名義があれば，Y2への債務名義がなくとも本件物件の強制執行が可能となります。その限りではY2への債務名義は不要といえるでしょう。

　とはいえ，Y2が，勤務先であるY1との間の使用貸借契約の成立といった占有補助者の枠を超えた独自の占有権原を有すると主張する可能性がありますので，Y1だけではなく，Y2についても被告に含めて債務名義を取得しておく方が安全であろうと言えます。

　したがって，甲としては，当初より，Y1及びY2の双方を被告として選択するべきであったと言えるでしょう。

3　別訴の提起

　仮に，Y2の独自の占有が認められたとしても，結局，Y1への債務名義がなければ，Y2への債務名義だけでは執行不能となる可能性があります。

　しかしながら，甲は，Y2のみを被告とし，Y1を被告とせずに訴訟提起しています。裁判所は，「原告代理人，このままでは執行できないですよ」と述べていますが，これは，Y2の言い分が占有補助者であろうが独自の占有主体であろうが，Y2への債務名義だけでは強制執行が不能となる可能性があるので，「今からでもY1への債務名義を得てはどうか」と暗に示唆しているもの

と考えられます。

　甲としては，Ｙ２に対する訴訟について弁論の終結または和解を目指すとともに，Ｙ１に対する別訴を提起するべきです。もしＹ２が本格的に争い，弁論の終結も和解も難しいようであれば，Ｙ１に対する別訴とＹ２に対する訴訟との併合を申し立てることとなります。

Case Study
事例
4-3

同居人を被告とするか

事案の概要

(1) Xは38階建てのいわゆるタワーマンションの1室を区分所有している（以下「本件物件」という）。

(2) XとYは，上記マンションの1室につき，賃貸人をX，賃借人をYとする賃貸借契約を締結した（以下「本件賃貸借契約」という）。

Yは，本件賃貸借契約の締結の際，Xに対し，Yの婚約者であるZを同居人としたいとの申し出を受けて，Xはこれを承諾した。同居の申し出を踏まえて，本件賃貸借契約の契約書の同居人欄には「Z」と，同居人の属性欄には「婚約者」との記載がなされた。

(3) ところが，しばらくしてYが賃料の支払いを怠ったことから，Xは，賃料不払いを理由として建物明渡請求を行うこととし，弁護士甲へ依頼した。

(4) 甲は，Yを被告とするのは良いとしても，Zまで被告とするのか考えあぐねていた。

[本件の法律関係]

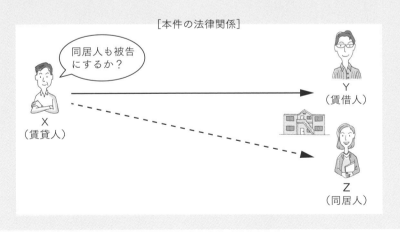

同居人も被告
にするか？

X
（賃貸人）

Y
（賃借人）

Z
（同居人）

1　問題の所在

賃借人との関係が判然としない同居人については被告に含めるべきなのでしょうか。

2　同居人を被告とするか

そもそも，同居人Ｚは独立の占有主体なのでしょうか。同居人たるＺが占有補助者であれば，Ｙに対する強制執行において，ＺをＹと同時に退去させることができるため，Ｚを被告とする意義はないものとも思えます。

家の所有者とともにその家に居住する家族は，その所有者の占有補助者に過ぎず，独立の占有を有するものではないとするのが判例です（最判昭和28・4・24民集7巻4号414頁）。こうした判例の考え方からすると，賃貸借に基づく居住がなされている場合における占有主体の評価については，当該建物の事実上の支配に関して重要な対外的役割を負っていると客観的に認められる賃借人を占有主体とすることになります（古賀政治「民事執行における占有認定に関する一考察」新民事執行実務11号（2013）146頁参照）。

しかしながら，占有補助者が賃借人と夫婦であるならばともかく，本件のように，同居人たるＺが「婚約者」である場合，配偶者ではなく，賃借人との内部関係までは，管理会社などを通じた聞き取り調査をしても分からないのが通例です。公共料金の支払いをしている者が誰なのか特定できているなどの事情があれば格別ですが，誰が当該建物の事実上の支配に関して重要な対外的役割を負っていると客観的に認められるかについて，訴訟提起の段階であらかじめ判明しているとは限りません。

3　空振りのリスク

では，仮にＹに対する債務名義を取得し，Ｙを債務者とする建物明渡強制執行を申し立てた際に，たとえば，本件物件内にＺ宛の公共料金領収書等が存在した場合，Ｙに対する債務名義だけでＺについても執行することができるの

でしょうか。

　この問題については，たとえば，明渡催告時において，執行対象となった本件物件内にＺ名義の公共料金領収書等が存在する等の事情があった場合，当該建物の事実上の支配に関してＺが重要な対外的役割を負っていると客観的に認められることととなるため，Ｚを占有補助者として認定することは困難になる可能性があります。そうすると，執行が中止されたうえで，債権者から，賃借人がＹであることを示す確実な証拠が提出されるなど，Ｙが占有主体であることを示す確実な証拠の提出があった場合にはじめて，Ｚを占有補助者として執行することができることとなります（最高裁判所事務総局民事局監修『執行官事務に関する協議要録〔第三版〕』（法曹会，1997）197頁・設問412）。

　こうなってくると，Ｙだけではなくｚについても債務名義を取得しなければ，Ｙへの債務名義に基づく強制執行は空振りに終わることになるため，再度，Ｚに対する債務名義を取得するために，Ｙへの訴訟提起からやり直しになるといった事態も予想されるところです。

　したがって，Ｚが独立した占有主体である可能性を否定し切れないため，当初の訴訟提起の段階から，Ｙだけではなくｚもまた被告に含めるべきものといえます。

同居人の占有を立証したい

事案の概要

(1) Xは，38階建てのいわゆるタワーマンションの1室を区分所有している（以下「本件物件」という）。

(2) XとYは，上記マンションの1室につき，賃貸人をX，賃借人をYとする賃貸借契約を締結した（以下「本件賃貸借契約」という）。

Yは，本件賃貸借契約の締結の際，Xに対し，Yの婚約者であるZを同居人としたいとの申し出を受けて，Xはこれを承諾した。同居の申し出を踏まえて，本件賃貸借契約の契約書の同居人欄には「Z」と，同居人の属性欄には「婚約者」との記載がなされた。

(3) ところが，しばらくしてYが賃料の支払いを怠ったことから，Xは，賃料不払いを理由として建物明渡請求を行うこととし，弁護士甲へ依頼した。

(4) 甲は，YとZを被告とする建物明渡請求訴訟を提起した。

(5) YもZも訴状副本を受領しなかった。甲が書記官に特別送達の返戻理由（「宛所尋ね当たらず」，「保管期間満了」等）を確認したところ，Yについては「保管期間満了」であり，Zについては「宛所尋ね当たらず」とのことであった。

(6) 書記官は，甲に対し，Y及びZが本件物件に居住しているのかどうか，現地調査を実施するよう指示した。

しかし，甲の事務員が，何度も本件物件を訪問したものの，YともZとも一切接触することができなかったうえ，電気水道ガスのメーターも確認することができず，現在も本件物件に居住しているのかさえ明らかにならなかった。

そこで，甲は，Y及びZの住民票上の住所を調査するべく，弁護士としての職務上請求による住民票の取得を試みたところ，Yについては本

件物件所在地を住所地とする住民票を取得できたため，住所地を特定で
きたものの，Zについては本件物件所在地において住民票を取得するこ
とができず，その住民票上の住所地を特定することができなかった。
(7) 裁判所は，Yへの訴状送達については付郵便に付し，Zへの訴状副本
については公示送達に付すこととした。
(8) 裁判官は，第一回口頭弁論期日で，Zにつき，賃貸借契約書の同居人
欄の記載だけではZの占有を認定することができないことから，Zに対
する請求を棄却する見込みであると述べた。

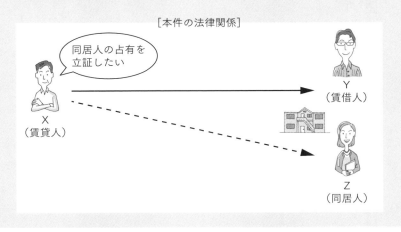

［本件の法律関係］

1 問題の所在

同居人の占有が判然としない場合，どのような立証手段が考えられるので
しょうか。

2 裁判所の心証

本件では，裁判所は，Zが本当に物件に居住しているかどうか，すなわち，
Zによる占有の有無を認定する証拠が足りないとの心証を示しています。甲と
しては，Zに対する請求を取り下げることも一案ではありますが，Zに対する

請求を維持するのであればＺによる占有を認定するための他の証拠を収集しなければなりません。

3　直接接触して確認する

1つ目の方法としては，Ｚの連絡先が判明しているのであれば，Ｚと連絡を取って居住の有無を確認したうえで，管理会社や弁護士名義の報告書を作成することが考えられます。しかし，Ｚが電話に出るとは限らないため，本件ではそのような方法は難しいでしょう。

4　現地調査を実施する

2つ目の方法としては，実際に物件を訪問し，同居人が出て来るかを確認したうえで，現地調査報告書を作成することが考えられます。しかし，賃借人や同居人が在室しているとは限りません。

5　管理会社や仲介会社に協力してもらう

Ｚの連絡先が判明せず，現地調査が奏功しないとしても，たとえば，管理会社の担当者が以前にＺを見たことがあった場合，その旨の担当者名義の報告書や陳述書を作成することが考えられます。本件のように，契約書の同居人欄に「Ｚ」と書いてあるような場合であれば，契約締結前の本件物件の内覧にＺが同席していた等，管理会社や仲介会社がＺの存在を直接視認しているケースも少なくないものと思われます。このような場合，管理会社や仲介会社が，報告書や陳述書を書くことに協力してくれないというケースはむしろ稀であると思います。

これでＺによる占有を立証できたかどうかは，私見としては立証十分と思いますが，最終的には裁判官の判断次第となってしまいます。また，実際には，管理会社や仲介会社がＺの存在を直接確認したことがないというケースもあり，そのような場合にはこの方法は使えません。

▎6　調査嘱託を申し立てる

　本件では，電気水道ガスのメーターを確認することができていません。そこで，裁判所に対し，これらの契約状況について調査嘱託を申し立てる方法が考えられます。ただし，この方法には，申立てから調査嘱託の結果が判明するまでの期間分だけ，明渡完了までの時間を要するというデメリットがあります。

　調査嘱託の結果，契約名義がＺではなくＹであることが判明したならば，たとえば，強制執行の段階でＺ宛の公共料金領収書等が発見されて執行不能になるといったリスクについてはある程度軽減されたものといえます。強制執行の段階に至ってＺが独自の占有を主張して争ってくる可能性までは完全に否定しきれませんが，Ｚに対する訴訟を取り下げる余地はあるでしょう。

▎7　占有移転禁止の仮処分を申し立てる

　上述のような手を尽くしたものの有用な証拠が得られなかった場合の最終手段としては，占有移転禁止の仮処分を申し立てるという方法が考えられます。

　仮処分決定の段階では，裁判所から「賃貸借契約書の同居人欄の記載のみでは足りない」と言われる可能性は全くないとまではいえませんが，低いと思われます。仮処分決定が発令されると，執行官は，本件物件に赴いて仮処分を執行し，占有者が誰であるのかを認定します（司法研修所編『民事弁護教材　改訂民事執行〔補正版〕』（日本弁護士連合会，2005）85頁注(1)参照）。もし執行官がＺの占有を認定したのであれば，その旨記載された仮処分調書を裁判所へ証拠提出することでＺの占有を立証できます。仮に執行官がＺの占有を認定しない場合，Ｙへの債務名義を取得すればＺへの債務名義を取得しなくとも強制執行の目的を達成することができます。甲としては，安心してＺへの請求を取り下げることができるでしょう。

Case Study
事例
4-5
公示送達のときの証拠調べはどうなるか

事案の概要

(1) 賃貸人Xと賃借人Y（個人）は，マンションの１室の賃貸借契約を締結した（以下「本件物件」という）。

(2) ところが，しばらくしてYが賃料の支払いを怠るようになり，やがてYは合計４か月分の賃料を滞納するに至った。そこで，Xは弁護士甲に対して本件物件の建物明渡請求訴訟を依頼した。

(3) Yが訴状副本を受領しなかったため，書記官は，甲に対し，Y及びZが本件物件に居住しているのかどうか，現地調査を実施するよう指示した。しかし，甲の事務員は，何度も本件物件を訪問したものの，本件物件は電気ガス水道のメーターが止まっており，誰も住んでいない様子であった。

(4) 甲が弁護士としての職務上請求による住民票の取得をしたところ，Yの住所地は本件物件所在地のままであった。

(5) 裁判所は，甲に対し，本件を公示送達に付すとの連絡をした。

(6) 裁判所は，第一回口頭弁論期日で，甲に対し，Zにつき，証拠の原本を提示するよう指示した。しかし，甲はXから賃貸借契約書の原本を預かっていなかった。

[本件の法律関係]

賃貸借契約書の
原本がない

X
（賃貸人）

Y
（賃借人）

1　問題の所在

本件では，被告の所在が不明のため，公示送達に付されています。公示送達となった場合の審理については，どのようなことに注意するべきでしょうか。

2　文書の提出

当事者が公示送達による呼出しを受けたものであるときは，擬制自白の適用がありませんので（民事訴訟法159条3項但書），欠席判決をすることはできず，請求原因事実について証拠調べを行うことになります。

注意すべきなのは，文書の提出は，原本，正本，または認証ある謄本をもってしなければならず（民事訴訟規則143条1項），単なる写し（認証のない謄本）を書証として提出することは，書証の提出としては不適法であるということです。

3　原本を持参できない場合

原本を期日に持参するのが一番望ましいのはもちろんのことですが，依頼者から原本の取り付けができていない，あるいは，そもそも原本自体を紛失していて写ししか存在しておらず，期日に持参できないといった事態も起こり得るところです。

このような場合には，甲としては，裁判所に対し，提出証拠については「原本の写しを提出した」のではなく「写しを原本として提出した」という趣旨を述べることが考えられます。

もっとも，裁判所によっては，「写しを原本として提出」する場合であっても，以下のように述べて原本の証拠調べを求めることがあります。

①　原本の証拠調べができなければ請求を棄却する

②　原告代理人が棄却を避けたいならば，今回期日では証拠調べを未了として，もう一期日を指定する

③　次回期日に原本を持参する，あるいは，原本自体が存在しないのであれ

ば原本に代わりうる立証をしてほしい

　その理由としては，「写しを原本として提出」する場合，相手方はこれに対し認否をする必要がありますが，被告が文書の成立について争うかどうか明らかでないので，挙証者は，一応その文書の成立につき立証する必要があるからであると思われます。

　このように公示送達の場合には，立証について注意を払う必要があります。

事例 4-6　未成年者の親権者をどのように特定するか

事案の概要

(1) 賃貸人Xと賃借人Yは，マンションの1室（以下「本件物件」という）につき，賃貸借契約を締結した（以下「本件賃貸借契約」という）。

　　ところが，しばらくしてYが賃料の支払いを怠ったことから，Xは，賃料不払いを理由として建物明渡請求を行うこととし，弁護士甲へ依頼した。

(2) 甲が，Xより，本件賃貸借契約の契約書等の証拠資料を取り寄せて訴訟提起の準備を進めていたところ，本件賃貸借契約の申込書にはYの生年月日が記載されており，Yが未成年者であるように思われた。そこで，甲が弁護士としての職務上請求によりYの住民票を取得したところ，やはりYが未成年であることが判明した。

　　甲が，未成年と契約を締結した経緯につき本件賃貸借契約の仲介会社に問い合わせたものの，賃貸借契約書を含めて一切の記録に，Yの親権者の同意を示すものはなかった。

(3) また，本件賃貸借契約の締結時，同じく未成年者と思われる女性Zについて同居届が提出されており，現地調査の際に，Zが現在においても本件物件に居住していることが判明した。Yについては，本件物件所在地が住民票上の住所地であったものの，Zについては，本件物件所在地が住民票上の住所地でなかった。

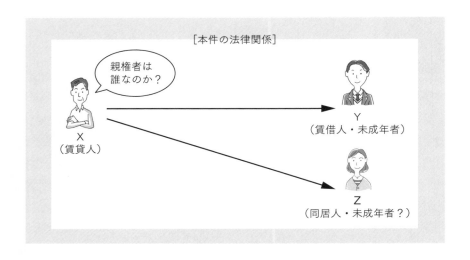

[本件の法律関係]

親権者は
誰なのか？

X
（賃貸人）

Y
（賃借人・未成年者）

Z
（同居人・未成年者？）

1　問題の所在

①　未成年者を被告として訴訟提起する場合，親権者を特定する必要があります。特定するためにはどのような方法が考えられるでしょうか。

②　同居人たるZを被告に含めるのが適切でしょうか。

2　親権者を特定する方法

(1)　職務上請求による戸籍の取得

　物件所在地に住民票があれば，住民票の記載から本籍地が分かりますので，本籍地の市町村に対する弁護士としての職務上請求により戸籍を取得し，これにより，Yの親権者を特定することができます。

(2)　親権者を特定できない場合

　しかし，同じく未成年者であると思われる同居人Zについては，住民票上の住所地も本籍地も不明であり，戸籍を取り寄せて親権者を特定することができません。Zと直接連絡が付くようであれば，Zより，Zの親権者が誰である

のかを聞き取ってその親権者を特定することもできますが，それができない場合，いよいよ困ることとなります。

(3)　特別代理人の選任

　このような場合，Zについて，訴訟提起と同時に，特別代理人の選任を申し立てることが考えられます。では，特別代理人選任の要件を満たすのでしょうか。

　特別代理人を選任する要件としては，「未成年者」に「法定代理人がない場合又は法定代理人が代理権を行うことができない場合」です（民事訴訟法35条1項）。本件のように戸籍を取得できず親権者を特定できないという事情は，親権者を欠く，または代理権の行使について法律上の制限があることを直ちに明らかにするものではなく，本要件を満たす典型例ではありません。私見としては，本要件を満たすことは十分可能と考えますが，最終的には，裁判所による個々の判断に委ねられることになります。

　なお，特別代理人の選任を申し立てる場合，申立人側において，特別代理人として選任されるべき者を推薦することができます。この際，未成年者の関係者または本件と利害関係のない弁護士を推薦するのが通常ですが，裁判所は弁護士会に対して推薦依頼することが多いでしょう。また，申立てには印紙代が必要になりますので，費用面での負担についても十分に考慮する必要があります。

3　同居人を被告とするか

　ところで，そもそも同居人たるZを被告に含めることは適切でしょうか。同居人は，本来的には，占有権原がなく，占有者たる賃借人の占有補助者であると解されます。そのため，賃借人に対する債務名義があれば，同居人についても強制執行をすることが可能となりますので，Zを被告に含める必要はないようにも思えます。

　しかしながら，賃借人たるYへの債務名義だけを取得した場合，Yを債務者

とする強制執行を申し立てても，同居人たる Z が，強制執行の段階になって，「賃借人との間に転貸借契約を締結している」あるいは「実際に賃料を払っているのは同居人であり，管理会社も同居人が実質的な賃借人であることを承諾している」等としての独自の占有権原を主張し，第三者異議を申し立てる可能性があります。

　そのような主張がまかり通るかはさておき，仮に，第三者異議が申し立てられた場合，強制執行手続きは中止することとなり，明渡完了が遅れる可能性もあります。そこで，このような事態をあらかじめ避けるために，同居人を独自の占有者として被告に含めておく方が安全といえます。

　なお，裁判所によっては，住民票上の住所地が本件物件になく同居届があるだけでは，同居人に独自の占有を認めず，訴訟提起後，同居届のほかに，実質的な占有状況を示す証拠の提出を求めるとともに，そのような証拠を提出できない場合には，同居人に対する訴えの取下げや訴状の補正を求めてくることもありうるところです（ 事例4-4 参照）。

Case Study 事例 4-7　親権者が契約を取り消すと言ってきた

事案の概要

(1)　Xはマンション賃貸業を営んでおり，Yに対してマンションの1室を賃貸した（以下「本件賃貸借契約」という）。しばらくしてYが賃料の支払いを怠ったことから，Xは，賃料不払いを理由として建物明渡請求を行うこととし，弁護士甲へ依頼した。

(2)　甲がXより証拠資料を取り寄せたところ，本人確認書類の運転免許証からYが未成年者であることが判明し，申込書の緊急連絡先には父親であるZの連絡先が記載されていた。

(3)　甲がZに連絡を取ったところ，Zは「Yは親に反抗して家を出ていった。その後の行先は知らず，本件賃貸借契約のことは初めて知った。親の承諾も得ずにどうして勝手に部屋を貸してしまうのか。本件賃貸借契約は取り消されるべきである」と凄い剣幕で述べてきた。

(4)　甲が未成年であるYと本件賃貸借契約を締結した経緯につき仲介会社に問い合わせたところ，賃貸借契約書を含めて一切の記録にYの親権者であるZの同意を示すものはなかった。

[本件の法律関係]

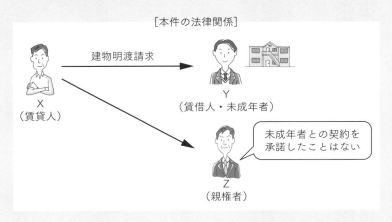

1 問題の所在

本件では，未成年者との間で賃貸借契約を締結しています。親権者が未成年者取消しを主張したときには，本件賃貸借契約の有効性が争点となり，その結果として審理が長期化することが予想されます。そのため，契約構成では分が悪いところです。このようなケースでは，どのような法律構成を考えられることができるのでしょうか。

2 未成年者取消し

本件賃貸借契約は未成年者との契約であるにもかかわらず，法定代理人たる親権者の同意の有無が不明であり，親権者が本件賃貸借契約を取り消す可能性があります（民法5条2項）。本件ではZの同意を立証できない以上，Zが取消しをあくまで主張するようであればそれはやむをえません。

3 所有権構成

仮に本件賃貸借契約が取り消されたとしても，Yが本件物件を占有していることには変わりはありません。賃貸借契約の有効性を前提とした債権構成にこだわるのではなく未成年者取消しを前提とした所有権構成を検討するべきです。そこで，本件賃貸借契約が取り消されたならば，Xは正当な占有権原を有さずに本件物件を占有しているものとして，所有権に基づく返還請求権を行使する旨を訴状の請求原因に記載しておくのが適切です。

Case Study
事例
4-8
有限責任事業組合を被告とするか

事案の概要

(1)　Xは，有限責任事業組合であるYとの間で，マンションの1室（以下「本件物件」という）につき，Xを賃貸人，Yを賃借人とし，使用目的を事務所として賃貸借契約を締結した。なお，賃貸借契約書の賃借人欄にはYの記名押印はあっても組合員の署名押印はなかった。

(2)　ところが，しばらくしてYが賃料の支払いを怠ったことから，Xは賃料不払いを理由として建物明渡請求を行うこととし，弁護士甲へ依頼した。

　　甲がYの法人登記簿謄本を取得したところ，Yの組合員としてZが登記されていることが判明した。

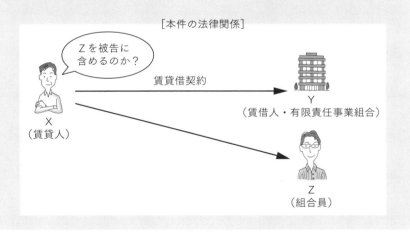

［本件の法律関係］

Zを被告に
含めるのか？

賃貸借契約

X
（賃貸人）

Y
（賃借人・有限責任事業組合）

Z
（組合員）

1　問題の所在

　有限責任事業組合が賃借人であり，組合員が契約当事者ではない場合，誰を被告として選択するべきなのでしょうか。

2　組合員を被告とするか

　有限責任事業組合とは，有限責任事業組合契約に関する法律に基づいて成立する組合のことをいい，「LLP」とも呼ばれます。有限責任事業組合は法人格を有しておらず，権利義務の主体とはなりえないものと解されます。

　したがって，まずは有限責任事業組合の組合員を被告とし，組合員が明渡義務を負うものと構成するのが適切といえます。

3　有限責任事業組合を被告とするか

　では，有限責任事業組合自体を被告とするべきなのでしょうか。

　これについては，民事訴訟法29条及び有限責任事業組合契約に関する法律21条の規定により，有限責任事業組合Yについても被告とすることができます。

　有限責任事業組合が法人格を有しないといえども訴訟法上の当事者適格を有していることからすると，組合員Zに対する債務名義で強制執行を申し立てた場合，強制執行の段階において有限責任事業組合Yが執行異議を申し立てる可能性があります。

　そうなると，異議申立手続きが終了するまでの間，その分明渡しの完了が遅れることも否定できません。強制執行の前段階である訴訟の段階において，有限責任事業組合Yを被告に加えておくことであらかじめYからの反論を封じておく必要があります。

　したがって，念のため，Yに対する債務名義を得ておくことが望ましいものといえ，組合員Zだけではなく有限責任事業組合Yについても被告として選択し，かつ，訴状にはYを被告とした根拠を記載しておくべきです。

事例 4-9　賃借人が死亡した

事案の概要

(1)　賃貸人Xと賃借人Yは，マンションの1室（以下「本件物件」という）につき，賃貸借契約を締結した（以下「本件賃貸借契約」という）。

　　しばらくしてYは賃料を滞納するに至った。そこで，Xは，賃料不払いを理由として建物明渡請求を行うこととし，弁護士甲へ依頼した。

　　依頼を受けた甲は，Yに対し，通知書を内容証明郵便と特定記録郵便で送付し，未払賃料の支払いにつき，相当期間を定めて催告するとともに，催告期間内に履行されなければ，催告期間の経過をもって，本件賃貸借契約を解除する旨の意思表示をした。通知書のうち特定記録郵便が本件物件に到達し，内容証明郵便が保管期間の経過により返戻された。

(2)　ところが，甲が訴訟提起の準備を進めていると，本件物件の管理会社Z社より，「Yの知人が，Yは3か月前に死亡していると述べている」との連絡を受けた。甲がYの戸籍謄本を取得したところ，Yが3か月前に死亡していること，Yには相続人がいないことがそれぞれ判明した。

　　すると，甲は，XとZより，「裁判などせずに，早々に本件物件内の家財を撤去して，次の人に貸したい」との連絡を受けた。

　　甲としては，XとZに対して今後の処理方針を示す必要が生じた。

[本件の法律関係]

1　問題の所在

賃借人に相続人がいないときに，明渡しを実現する方法としてどのような方法が考えられるのでしょうか。

2　賃借人たる地位の相続

本件賃貸借契約におけるYの賃借人たる地位については，Yの死亡により，Yの相続人がその地位を承継します。甲としては，Yに相続人が存在すればYの相続人を被告として訴訟提起することとなります。しかし，本件ではYに相続人がいませんので他の方法を考えざるを得ません。

3　自力救済の誘惑

管理会社や賃貸人としては，本件物件につき新たな賃貸借契約を締結して早々に賃料収入を得たいところです。

本件のようなケースでは，一見すると本件物件の占有権限を積極的に主張する者がいないため，管理会社や賃貸人が債務名義を得ずに物件内の残置物を撤去して自力救済による明渡しを完了させようとすることがしばしばあります。

甲としては，たとえYが既に死亡していたとしてもそのような自力救済については，民事上，刑事上のリスクがあることを説明して取りやめるよう説得するほかありません（ 事例1-5 参照）。

4　相続財産管理人の選任

Yに相続人がいない場合，甲としては，裁判所に対し，Yの利害関係人として相続財産管理人の選任を申し立てるという方法が考えられます。明渡しを実現するためにはこの方法が一番確実と言えます。

相続財産管理人とは，家庭裁判所から選任され，相続人のあることが明らかでない相続財産の管理を行う者です。Yの相続財産管理人が選任されれば，Xは相続財産管理人から未払賃料の弁済が受けられる可能性があるとともに，任

意退去による明渡しが可能になるかもしれません。そうなれば，債務名義を取得して強制執行によって明渡しを完了させる方法よりコストも掛からずに済みます。

　もっとも，Yは賃料の支払いを滞納しており，経済状況が悪化していることが予想されるので，未払賃料の弁済を受けられるほどの相続財産がある見込みはほとんどありません。

　また，相続財産管理人が選任されるまでには時間を要するのが通常ですので，早々の明渡しの完了を求めるXとZには承服しかねる面があるものと思われます。しかし，甲としてはやむを得ないものと丁寧に説明するほかありません。

▌5　特別代理人の選任

　このほかに，「亡Y相続財産」を被告として建物明渡訴訟を提起し，訴訟提起と同時に裁判所に対して「亡Y相続財産」の特別代理人の選任を申し立てるという方法が考えられます。

　この方法であれば債務名義を取得することができるので，相続財産管理人の事務処理に影響を受けずに甲のペースで明渡しを実現していくことが可能となります。相続財産管理人を選任する方法よりも早期に明渡しを完了させることができる場合もあるでしょう。

　しかし，特別代理人の選任のためには印紙代が必要であり，賃貸人たるXにおいてその印紙代を負担しなければなりません。また，特別代理人を選任するかどうかは裁判所の判断に委ねられており，必ずしも特別代理人が選任されるとは限らないことにも注意が必要です。

Case Study
事例
4-10
連帯保証人に請求したい

事案の概要

(1) 賃貸人Xと賃借人Y（個人）は，マンションの1室の賃貸借契約を締結した。

(2) XがYに対して連帯保証人を就けるよう求めたところ，Yは古くからの知人であるZへ連帯保証人になるよう頼み，Zはこれを承諾した。その後，Xは，Zとの間で，Zが本件賃貸借契約に基づくYの一切の債務を保証する旨の連帯保証契約（以下「本件保証契約」という）を締結した。

(3) 本件賃貸借契約が成立してから数年後，Yが賃料の支払いを怠るようになったためXは何度か督促したものの，Yが支払いに応じることはなく，合計3か月分の賃料を滞納するに至った。この時点でYとの連絡が取れなくなったため，XはZに対してYへの督促を依頼した。

(4) 驚いたZは急いでYと連絡を取ろうとしたが音信不通であった。本件物件を訪問して現地調査をしたものの所在不明でYとの接触は叶わなかった。ZはXに対して「どうやってもYとの連絡が取れない。もう責任を負いきれないので本件保証を解除してほしい」と伝えた。

(5) その後も滞納は続いてやがて滞納賃料は6か月分にまで拡大した。Xは弁護士甲に依頼し，Yに対して本件物件の建物明渡請求訴訟を提起するとともに，Zに対して保証債務の履行請求訴訟を提起した。

(6) Zは答弁書を提出して「賃貸人が無策なので賃料の滞納が拡大した。保証契約を解除した以降の分の請求は信義則に反し，権利の濫用である」との反論をした。

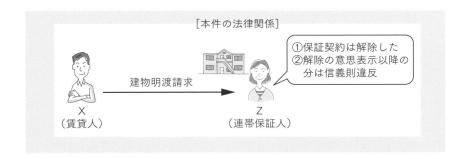

1　問題の所在

　本件では，連帯保証人が保証契約の解除を申し出ています。連帯保証人の側から保証契約を解除することができるのでしょうか。また，Ｚが保証契約の解除を申し出た以降にもＹの未払いが継続して未払賃料が積みあがっています。このような場合，保証債務の履行請求が信義則に反することがあるのでしょうか。

2　連帯保証人に賃借保証の解約権があるのか

　保証人による賃借保証の解約権については明文がなく，平成29年民法改正でも保証人による解約権の定めが置かれませんでした。原則として保証人による解約は難しいものといえます。もっとも，例外的に保証人が賃貸人に対する一方的な意思表示により保証契約を解除でき，それ以後に生じた債務について保証人としての責任を負わない場合があるとするのが判例法理です。つまり，事案によっては賃借保証の解約権が法的権利として認められているのです。もっとも，保証人は保証契約につき解約権を行使することはできるものの，無条件に解約ができるわけではなく，賃貸人がその効力を争ったときには，その効果の有無の判断は裁判所に委ねられるといえるでしょう[(注)]。

（注）　能登真規子「賃貸人が連帯保証人に市営住宅の建物賃貸借契約に基づく未払賃料
　　　　等を請求した場合に，連帯保証人の一方的意思表示による連帯保証契約の解除を
　　　　認め，解除以降の未払賃料等の債務負担を否定し，それ以降の支払請求は権利の

濫用として許されないとした事例」（判例時報2445号116頁）が詳しい。

3 どのようなときに賃借保証の解約権が認められるか

　賃借保証の解約権の効果が真っ向から争点となった裁判例があります（横浜地裁相模原支部平成31年1月30日判決判時2445号116頁）。下級審の判決ではありますが，説得力のある判断基準を示しているものと思われます。この裁判例では以下のような事情を考慮して賃貸人の保証契約上の信義則違反を判断するものとされています。

① 保証契約の締結から相当期間が経過したこと
② 賃借人が賃料支払いを怠り，将来的においても賃借人が債務を履行する見込みがないこと
③ 保証契約締結後に賃借人の資産状態が悪化し，これ以上保証契約を継続させると，保証人の賃借人に対する求償権の行使が見込めない状態になっていること
④ 賃貸人が賃料未払い等の事実を保証人に告知せず，保証人が上記事実を認識し，何らの対策も講じる機会が持てないまま，未払賃料等が累積していったこと
⑤ 保証人が保証債務の拡大を防止したいという意向を有しているにもかかわらず，賃貸人が依然として賃借人に建物を使用収益させ，賃貸借契約の解除及び建物明渡しの措置を行わずに漫然と未払賃料を累積させていること

4 解除の意思表示がなかったときにも保証人の責任限定があるか

　前掲の裁判例では「仮に保証人からの解除の意思表示がなかったとしても，賃貸人の保証人に対する保証債務の履行請求は，信義則に反し，権利の濫用として一定の合理的限度を超えては許されないと解すべきである」と判示しているところです。

　また，権利の濫用以外にも，債権者の信義則違反，社会通念や当事者の合理

的意思解釈，特段の事情の認定などといった法律構成も考えられます。

　これらの法理の適用があるかどうかについては，結局は個別具体的な事情によるものです。甲としては，Yが賃料を滞納するようになってからのXZ間のやり取りなどの経緯を確認しておく必要があるでしょう。

┃ 5　保証人への情報提供

　解約権行使に先立つ滞納等の情報については賃貸人の通知義務は法定されていませんが，保証人から履行状況の情報開示請求があったときには適切な情報提供をすることが望ましいでしょう。賃貸人側としては日ごろの管理状況が重要であるといえます（ 事例4-11 参照）。

極度額の定めがない保証契約は無効か

事案の概要

(1) 令和2年4月1日，改正民法が施行された。

(2) その後，賃貸人Xと賃借人Y（個人）は，居住目的でマンションの1室の賃貸借契約を締結した（以下「本件賃貸借契約」という）。

(3) また，Xは，Yの親族であるZとの間で，Zが本件賃貸借契約に基づくYの一切の債務を保証する旨の連帯保証契約を締結した（以下「本件保証契約」という）。本件保証契約には改正民法前の契約書のひな型が使用されており，このひな型には極度額の定めがなかった。

(4) やがてYは賃料の支払いを怠るようになり，いつの間にか合計12か月分の賃料が未払いとなった。XとYは未払賃料を分割払いすることに合意したが，Yは支払期限を過ぎてもやはり支払わなかった。

(5) その後Zが死亡して，Z2がZを相続した。未払賃料は18か月分にまで増加した。

(6) XはYに対して本件物件の建物明渡請求訴訟を提起するとともに，Z2に対して未払賃料18か月分とその遅延損害金につき，保証債務の履行請求訴訟を提起した。

(7) Zは答弁書を提出して「多額の未払いが発生しているのに通知しないのは如何なものか。Zの亡くなった後の未払い分に責任はない。公正証書も作っていない。本件保証契約に極度額の定めはない。改正民法465条の2第2項に反して無効である」との反論をした。

(8) Xは改正民法と旧民法の違いがよく分からず弁護士甲に法律相談することとした。Xは甲に対して「改正民法で連帯保証の何がどう変わったのでしょうか」と質問した。

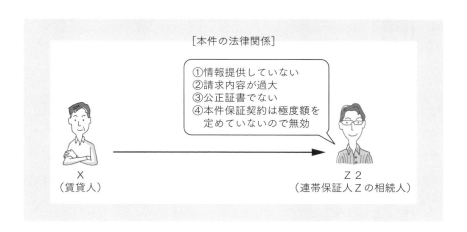

[本件の法律関係]

①情報提供していない
②請求内容が過大
③公正証書でない
④本件保証契約は極度額を
　定めていないので無効

X
（賃貸人）

Z２
（連帯保証人Ｚの相続人）

1　問題の所在

　改正民法が令和2年4月1日に施行されました。改正民法の施行後に成立した保証契約はどのような制約を受けるのでしょうか。本項では改正民法における賃貸借契約の連帯保証契約について整理したいと思います。

【本件の時系列】

保証契約の成立

改正民法の施行
（令和2年4月1日）

2　賃貸人にとって旧民法と改正民法のどちらが有利か

　賃貸人の立場からすると，旧民法に比べて改正民法の方がより制約があるため，改正民法ではなく旧民法が適用される方が法的には有利なものといえます。たとえば，旧民法では，連帯保証契約は保証する範囲に上限がないのが原則ですが，改正民法では，保証人が個人の場合，極度額の定めがなければ保証契約

自体が無効となるリスクがあります。

　賃貸人としては，更新時に改めて連帯保証契約を締結し直すのではなく，こ
れまでの連帯保証契約をそのまま存続させるのが有利といえます。

∎ 3　改正民法は連帯保証契約についてどう定めているか

　民法が改正された背景には，これまでの連帯保証契約には不合理な点があっ
たのでこれらの是正を図ったという立法事実があります。その主な内容として
は以下のとおりです。

　①　極度額の定めについて

　　　旧民法では，保証範囲を制限する特約などがない限り，連帯保証契約は
　　保証する範囲に上限がありませんでした。このような特約を設けることは
　　少なかったため，保証人が予期せぬ高額な保証債務の履行を求められる
　　ケースもありました。しかし，改正民法では，「個人」が保証人になると
　　きは，極度額を定めなければ保証契約は無効になります（民法465条の2
　　第2項）。そもそも保証契約自体が無効となるため，この点は要注意とい
　　えます。

　②　保証人の地位の承継について

　　　旧民法では，保証人が死亡した後は，その相続人が連帯保証人の地位を
　　引き継ぐとされ，かつ，保証人の死亡後に借主が賃料を滞納した分も相続
　　人が保証するものとされていました。債権者からの承諾を得るなど例外的
　　な事情がない限り，保証人が連帯保証契約を終了させることは事実上困難
　　であったため，保証人側の負担が重いものとなりがちでした（ 事例4-10
　　参照）。しかし，改正民法では，「個人」が保証人になるときは，保証人の
　　死亡により保証人たる地位は相続人に承継されるものの，同時に主債務の
　　元本が確定するため，保証人が死亡した以降に発生した債務については，
　　保証人は責任を負わなくなりました（民法465条の4第1項3号）。なお，
　　保証人が死亡する前に発生した滞納賃料等の債務については保証人の相続
　　人に引き継がれますので，相続人が相続放棄をしない限り，被相続人たる

保証人から承継したすべての債務を免れるわけではありません。

③　情報提供について

　　旧民法では，賃貸人は保証人に対して情報提供する義務が定められておらず，賃貸人が裁判を起こして裁判所から保証人へ訴状が送達されたときに，初めて事態を知るということは珍しいことではありませんでした。

　　改正民法では，主たる債務者（借主）の委託を受けて保証した場合に保証人から借主の賃料債務の履行状況について情報提供を求められた時は，賃料債務の不履行の有無等の情報を保証人に提供しなければなりません（民法458条の2）。違反した場合には損害賠償の対象となりうるので注意が必要です。

　　また，主たる債務者がすでに賃料を滞納していて分割払いの合意をするなど期限の利益を有する場合にその期限の利益を喪失した時には，2か月以内に保証人に対して期限の利益を喪失した旨を通知しなければ，保証人へ遅延損害金の請求ができなくなります（民法458条の3第2項）。とはいえ，未払賃料そのものについては，たとえ通知の遅滞があったとしてもなお請求可能であり，あくまでも賃料に対する遅延損害金部分に限られます。

④　公正証書について

　　改正民法では，事業用の貸金等に関する保証契約については公正証書にしなければなりませんが（民法465条の6第1項），賃貸借契約は貸金等ではありませんので公正証書を作成する必要はありません。

4　本件の保証契約は有効か

　本件保証契約は令和2年4月1日の改正民法施行後に成立していますので，本件保証契約には改正民法が適用されます（ 事例4-12 参照）。極度額の定めがない本件保証契約は民法465条の2第2項に反して無効です。本件ではZの言い分に分があるといえます。

**Case Study
事例
4-12**

改正民法施行前に成立した保証契約には
旧民法と改正民法のどちらが適用されるか

事案の概要

(1) 賃貸人Xと賃借人Y（個人）は，マンションの1室の賃貸借契約を締結した（以下「本件賃貸借契約」という）。本件賃貸借契約には，自動更新条項(注)の定めが置かれた。

(2) また，Xは，Yの親族であるZとの間で，Zが本件賃貸借契約に基づくYの一切の債務を保証する旨の連帯保証契約を締結した（以下「本件保証契約」という）。本件保証契約には極度額の定めがなかった。

(3) やがてYは賃料の支払いを怠るようになり，いつの間にか合計12か月分の賃料が未払いとなった。

(4) 令和2年4月1日が経過して改正民法が施行された。

(5) 令和2年5月1日，本件賃貸借契約は自動更新条項に基づいて自動更新した。

(6) やがてYは賃料の支払いを怠るようになり，いつの間にか合計5か月分の賃料が未払いとなった。

(7) XはYに対して本件物件の建物明渡請求訴訟を提起するとともに，Zに対して保証債務の履行請求訴訟を提起した。

(8) Zは答弁書を提出して「本件保証契約には極度額の定めはないので，改正民法465条の2第2項に反して無効である」との反論をした。これに対してXは「改正民法施行前に締結した。本件保証契約に改正民法は適用されない。本件保証契約は有効である」との再反論をした。

(注) 自動更新条項とは，「賃貸借契約の期間が終了した際に，終了した契約と同一条件，同一期間の賃貸借契約を更新する」とする特約に基づく更新を定めた条項をいいます。この場合，改めて更新契約を締結しなくても，契約期間満了時にこの更新特約をもって，賃貸借契約は従前どおりの契約期間で自動更新されることになります。自動更新の場合には，借地借家法26条が適用されず，期限の定めのない契約とはなりません（自動更新条項を定めずに賃貸借契約期間が終了したときには，期限の定めのない契約となります）。

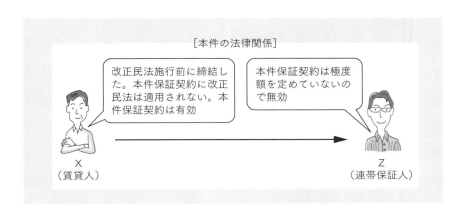

［本件の法律関係］

X（賃貸人）：改正民法施行前に締結した。本件保証契約に改正民法は適用されない。本件保証契約は有効

Z（連帯保証人）：本件保証契約は極度額を定めていないので無効

1　問題の所在

　改正民法が令和2年4月1日に施行されました。施行後に賃貸借契約が自動更新したときには，改正民法の施行前に成立した保証契約は改正民法の影響を受けるのでしょうか。

【本件の時系列】

賃貸借契約の成立
保証契約の成立

改正民法の施行
（令和2年4月1日）

賃貸借契約の更新
（令和2年5月1日）

2　賃貸借契約が更新したときには保証契約は存続するか

　民法の改正はさておくとして，賃貸借契約が更新した場合，保証契約は存続するのでしょうか。賃貸借契約と保証契約は別々の契約ですので，賃貸借契約が更新したとしても保証契約については終了してしまうようにも思えるかもしれません。

　しかし，保証契約には「附従性」という特別な法的性質があります。従たる契約である保証契約は主たる契約である賃貸借契約の運命と一蓮托生の関係に

あり，賃貸借契約が存続している限りは保証契約も存続し，賃貸借契約が消滅すれば保証契約も消滅するというのが，附従性の原則です。

　この附従性のために，賃貸借契約が更新された場合，「反対の趣旨をうかがわせるような特段の事情のない限り，保証人が更新後の賃貸借から生ずる賃借人の債務についても保証の責めを負う」とされています（最判平成 9 年11月13日）。

　つまり，原則として(注)，賃貸借契約が更新したときには保証契約もまた存続することとなります。例外として，たとえば，定期借家である，保証期間の定めがある，更新後の賃貸借契約については保証しないといった特約があるといった事情があるときには，賃貸借契約が更新したとしても保証契約は存続しません。このような例外的な事情がないかどうかについては注意しなければなりません。

（注）　更新の形態が，更新契約，法定更新，自動更新のいずれであっても同じく保証契約が存続するという結論となります。

3　本件保証契約は有効か

　賃貸借契約の成立自体は改正民法の施行に先立っており，旧民法が適用されるため，極度額の定めがなくとも本件保証契約は有効であり，本件ではZの言い分は通らないでしょう。

4　物件管理の場面でも旧民法で押し切るのが妥当か

　本件のように裁判手続きに進んだときとは異なりますが，物件管理の場面では改正民法が適用されないケースであっても，あえて改正民法に寄り添った運用を取ることが大切です。たとえば，賃料の支払いが遅れたときには，上限がないからと放っておくよりも，その都度債務の履行状況を保証人に対して連絡する方が丁寧であることには異論がないでしょう。

Case Study
事例
4-13

無断で民泊を営んでいる

事案の概要

　賃貸人Ｘが，賃借人Ｙに対し，居住目的で，マンションの１室（以下「本件物件」という）を貸し渡した（以下「本件賃貸借契約という）。

　そうしたところ，本件物件の管理会社であるＺ社が，外国人観光客向けの民泊サービスのウェブサイトを見ていたところ，本件物件が宿泊施設として紹介されていることが判明した。

　Ｚが，本件物件を訪問すると，本件物件内に，外国人が在室していた。その数日後，Ｚが再度本件物件を訪問すると，本件物件内に，別の外国人が在室していた。

　ここに，Ｙが，本件物件において，外国人観光客向けのゲストハウスを営んでいることが判明した。なお，当然のことながら，Ｙは旅館業法３条に基づく許可を受けていない。また，本件物件は旅館業法が適用されない国家戦略特別区域に所在するものでもない。

　Ｘは本件物件で民泊を営むことを承諾した覚えはなく，Ｙに対する建物明渡請求を行うこととし，弁護士甲へ依頼した。

[本件の法律関係]

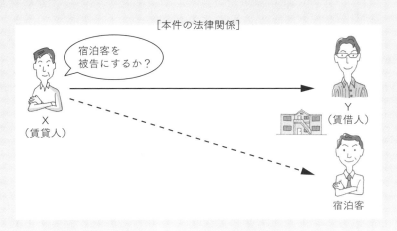

宿泊客を
被告にするか？

Ｘ
（賃貸人）

Ｙ
（賃借人）

宿泊客

1　問題の所在

本件では，無断で民泊を営んでいることが判明しました。宿泊客が占有者といえるのかどうかは，本件賃貸借契約の解除事由に影響するため，法律構成には注意が必要です。また，宿泊者を被告とするのかについても慎重な検討が必要となるでしょう。

2　用法遵守義務違反が解除事由となるか

本件賃貸借契約の使用目的は，居住であって，宿泊業を営むことではありません。本件物件においてＹが外国人観光客向けのゲストハウスを営んでいることが，居住目的から逸脱していることは論を俟たないところです。

したがって，甲としては，用法遵守義務違反を解除事由としてＹに対する建物明渡請求を提起することができます。

3　用法遵守義務違反をどのように立証するか

本件では，外国人観光客向けの民泊サービスのウェブサイトに本件物件が宿泊施設として紹介されており，これを印刷して証拠として提出することができます。また，Ｚが複数回に渡り現地調査をしているため，その調査結果をＺの陳述書として作成して証拠として提出することもできます。

4　無断転貸が解除事由となるか

賃貸人の承諾のない第三者への無断転貸を解除事由とすることも考えられるところですが，Ｙが外国人観光客に対して本件物件を無断転貸しているといえるのでしょうか。

無断転貸というためには，原賃借人から転借人への占有の移転（引渡し）を要するものと解されます。しかし，旅館の宿泊客は独立の占有者ではないものと解されており（最高裁判所事務総局民事局監修『執行官事務に関する協議要録〔第三版〕』（法曹会，1997）91頁，質問189番），旅館経営者から宿泊客へ

占有が移転したとはいえません。

　本件についてみると，Yは，旅館業法3条に基づく許可を受けておらず，本件物件は旅館ではありませんが，本件物件に滞在している外国人観光客が，宿泊客であることに変わりはありません。

　そうすると，本件物件に滞在している外国人観光客については独立の占有者ではなく，Yが本件物件に外国人宿泊客を宿泊させている行為は無断転貸には当たらず，用法遵守義務違反として法律構成するのが自然でしょう^(注)。

（注）　ただし，「国家戦略特別区域外国人滞在施設経営事業」については，賃貸借契約及びこれに付随する役務提供契約であるとされています（平成26年5月1日厚生労働省健発0501第3号健康局長通達）。事業者が後述の「特定認定」等を受けて民泊を営んでいるケースについては，事業者から宿泊客への占有の移転があり，無断転貸に当たるものと解される余地があります。

5　宿泊客に占有権原があるか

　本件では，賃借人Yを被告とするのはもちろんですが，宿泊客についても被告に含める必要があるのでしょうか。被告に含める必要があるのであれば，甲としては，不特定の者が出入りしていることから，債務者不特定の占有移転禁止の仮処分も申し立てることも検討しなければなりません。

　この点については，上述のとおり，宿泊客は，短期間の滞在が想定されるものであり，独自の占有主体と観念されるものではありません。また，宿泊客が強制執行の段階において第三者異議を申し立てることも考え難いでしょう。

　したがって，宿泊客を建物明渡請求の被告とする必要はないといえるでしょう。ただし，宿泊客の荷物であると分かる大量の残置物が存在する場合や，宿泊客が独自の占有を主張する場合には，宿泊客についても被告とすることを慎重に検討するべきです。

6　占有移転禁止の仮処分は必要か

　占有者が不特定多数の場合，将来の執行を見据え，債務者不特定の占有移転禁止の仮処分を検討する必要がありますが，本件では，前述のとおり，民泊の

宿泊客には独立の占有は認められませんので，占有移転禁止の仮処分は不要であるといえます。

　では，仮に占有移転禁止の仮処分を行った場合，どのような事態となるのでしょうか。

　たとえば，仮処分の執行によって執行官が賃借人Yと宿泊客の占有を認定することもありうるところです。

　そのような場合，たとえ賃借人Yだけの債務名義を取得したとしても，宿泊客への債務名義を取得しなければ，執行官は執行を中止し，執行不能になることが予想されるため，本訴において賃借人Yと宿泊客の双方の債務名義を取得しなければなりません。

　宿泊客はすぐに次の目的地に移動するためその所在地を把握すること自体が困難であり，公示送達になる可能性が高いです。仮処分の段階で，宿帳やパスポートの写しが発見されるなどして身元が判明し，これらが執行調書に添付されたならば海外送達を行うこともありうるところです。

　このような展開となったとき，明渡完了までにどれほどの時間を要するのか，想像も付かない事態になります。本件では，宿泊客については債務者不特定の占有移転禁止の仮処分を申し立てしない方が無難であるといえます。

マスターリース契約を取りやめたい

Case Study
事例
4-14

事案の概要

(1)　Xはマンション1棟を購入した。Xは，同日，管理会社Yとの間で，マスターリース契約を締結した（以下「本件マスターリース契約」という）。その後，YはAに対してマンションの1室を転貸借した（以下「本件物件」という）。

(2)　ところが，AはYに対して賃料の支払いを怠るようになり，その結果，YもXに対して賃料の支払いを怠るようになった。XはYからの賃料の支払いが滞るようではマスターリース契約を締結した意味がないと判断し，本件マスターリース契約を解除した。

(3)　YはXに対して「マスターリース契約の解除は無効である」との反論文を送ってきた。

(4)　また，XがAに対して本件物件からの退去を求めたところ，Aは「XY間のことは知らない。自分が契約したのはYなのだから鍵はYに渡す。Xには鍵を渡さない」と述べて退去を拒否した。対応に苦慮したXは弁護士甲に建物明渡請求を依頼した。

[本件の法律関係]

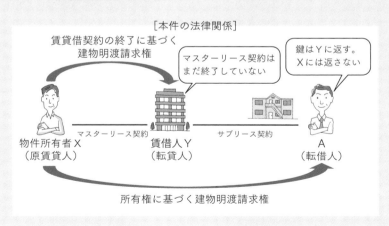

1 問題の所在

　Xがマスターリース契約を解除したところ，YもAも解除の効力に異議を唱えています。このような状況で，Xが本件物件の占有を回収するためにはどのような方法が考えられるでしょうか。

2 被告はAだけなのか，YとAの両方なのか

　本件物件の直接占有はAにありますが，AはYに鍵を渡して占有を移すなどと言っています。もし転借人Aだけを被告とした場合，AがYに対して鍵を返して本件物件から退去した場合，XはYを被告とする訴訟をさらに起こす必要があり，そうなると二度手間となります。こういった弊害を避けるために，一度にYとAを被告とする訴訟を起こして両者に対する債務名義を取得するのが至便です。

3 訴訟物の選択

　本件では，XはYとAの両方から債務名義を取得しなければ本件物件の占有を回収できないリスクがありますので，YとAを被告とする訴訟を提起することとなります。XはYとの関係では，賃借契約の終了に基づく建物明渡請求権を行使すれば足りますが，Aとの間には契約関係がありませんので，XY間のマスターリース契約を債務不履行解除したうえで，所有権に基づく建物明渡請求権を行使することとなります（民法613条3項）。

マスターリース契約から直接契約に切り替えたい

事案の概要

(1) Xはマンション1棟を購入した。Xは，同日，管理会社Yとの間で，マスターリース契約を締結した（以下「本件マスターリース契約」という）。その後，YはAに対してマンションの1室を転貸借した（以下「本件物件」という）。

(2) ところが，Yはマンションの管理を満足に行おうとせず，Xに対して賃料の支払いを怠るようになった。そこで，XはYにこれ以上本件物件の管理を委ねることはできないと判断し，本件マスターリース契約を解除した。

(3) 併せて，XがAに対して「今後はXA間での直接契約としてほしい」と連絡したところ，AはYへの賃料の入金を取りやめるとともに，もともとYの賃貸管理に不満をもっていたためXとの直接契約を了承した。XはAから本件物件の鍵を回収して新しい鍵に変更した。

(4) すると，YはXに電話を掛けて「本件マスターリース契約は解除されていない。勝手に鍵を変えるとは何事か」と怒鳴りつけてきた。

(5) XはYの剣幕に心配になり，弁護士甲に法律相談を申し込んだ。

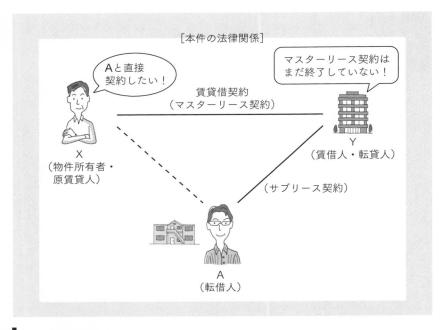

[本件の法律関係]

Aと直接契約したい！

マスターリース契約はまだ終了していない！

賃貸借契約
（マスターリース契約）

X
（物件所有者・原賃貸人）

Y
（賃借人・転貸人）

（サブリース契約）

A
（転借人）

1　問題の所在

　Xがマスターリース契約を解除したところ，Yが解除の効力に異議を唱えています。本件物件の直接占有はAにあり，Aには占有を移す意向がありません。このような状況で，Xは本件物件の鍵を変更し，Yによる本件物件への支配を排除しています。Yの間接占有が未だ観念される場合にはXはYの占有を侵害していることとなり，もしそうであればXとしてはYに対する明渡請求を行ったうえでAとの間で直接契約を締結するべきなのでしょうか。

2　Yに対する債務名義が必要か

　建物明渡しの強制執行は，執行官が，債務者の目的建物に対する占有を解いて，債権者にその占有を取得させる方法により行います（民執法168条1項）。ここでの占有とは，「直接占有」をいいます。マスターリースの賃借人のような間接占有者には建物明渡の対象となるべき「占有」がありませんので，Yへ

の建物明渡を（執行力によって）実現するという目的で，Yに対する債務名義を取得する必要はありません。

　ただし，執行法上の解釈はともかく，実体法の解釈に従うならば，XY間の原賃貸借契約が終了していることを確かなものとして，Yが本件物件の占有権限を有していないことを明確にする必要性がないわけではありません。甲としては，Yに対する賃貸借契約の終了に基づく建物明渡請求訴訟または債務不存在確認請求訴訟の提起を検討することはありうるところです。

3　AはYに対する損害賠償責任を負うか

　本件では，Yが鍵を渡した転借人Aに対して占有侵害を主張して損害賠償請求してくる可能性が皆無ではありません。仮にYに占有権があるとしても，原賃貸借契約が適法に解除されている以上，Yの損害が観念できないので損害賠償請求は認められないものと考えられます。

第 5 章

物件の特定

マンションの各部屋に号数の表示がない

事案の概要

(1) Xは，区分所有建物である横雲マンションのうち1202号室（以下「本件物件」という）を所有している。

(2) 賃貸人Xと賃借人Yは，本件物件につき，賃貸借契約を締結した（以下「本件賃貸借契約」という）。賃貸借契約書における物件の表示には「横雲マンション」と記載されていた。

(3) しばらくしてYが賃料の支払いを怠ったことから，Xは賃料不払いを理由として建物明渡請求を行うこととし，弁護士甲へ依頼した。

　依頼を受けた甲は賃貸借契約書の記載に従い，訴状の別紙物件目録に「横雲マンション1202号室」との記載をしたうえで，Yに対する建物明渡請求訴訟を提起した。

　訴状副本の特別送達がなされ，Yが第一回口頭弁論期日に出頭することはなく，裁判所は調書判決を言い渡し，その後，Yが控訴することもなく，判決が確定した（以下「本件判決」という）。

(4) 甲は，引き続き，本件物件の建物明渡し強制執行を申し立てる準備を進めることとし，甲の事務員に対し，本件物件の下見をして来るよう指示した。

　すると，甲の事務員の下見により，以下の事実が判明した。

① 横雲マンションのエントランスの各部屋の郵便受けには号数を記載したプレートがそれぞれ貼り付けてあったものの，本件物件を含めて横雲マンションの各部屋のドアには号数を記載したプレートが貼っておらず，号数の表示がない。

② マンションの入り口には「横雲マンション」との看板はなく，「嵐ハイツ」との看板が設置されている。

　甲がXに問い合わせたところ，訴訟提起の後に本件建物の名称が「横

雲マンション」から「嵐ハイツ」に変更登記されたことが判明した。甲とおろししては、本件判決に基づく強制執行の申立てにより、執行可能なのか悩むこととなった。

1　問題の所在

執行対象となる物件を特定して明渡しを求める範囲を明確にしなければなりません。しかし、本件では、肝心の物件のドアに号数の表示がなく、判決文に記載されている建物の名称と現在登記されている建物の名称との間に食い違いが生じています。本件判決に基づく強制執行が可能なのでしょうか。このような悩みを抱えないためにも、甲としては、物件の位置関係を特定するための方法を検討しなければなりません。

【本件の時系列】

本件賃貸借契約の成立　　　　　訴訟提起　　　　　建物の名称の変更
（横雲マンション）　　　　（横雲マンション）　　　　（嵐ハイツ）
　　　　　　　　　　　　　　　　　　　　　　　判決（横雲マンション）

2　別紙物件目録について

(1)　別紙物件目録の意義

建物明渡請求訴訟を提起する際には、物件目録を訴状に別紙として添付し、対象物件を特定することとなります。債務名義を取得しても、債務名義上で物件の特定ができていない場合、執行段階になって執行不能となり、債務名義の取得からやり直しになる可能性もあるため、別紙物件目録は建物明渡請求訴訟において非常に重要です。

別紙物件目録については、訴訟提起時や期日の直前などに、繰り返し誤字脱

字をチェックすることが必須なのはもちろんのことです。別紙物件目録の記載が正確であるのか，訴訟提起から判決言渡しに至るまでに，原告代理人，担当書記官，裁判官と幾重にもチェックを経ることになりますが，そうしたチェックがあっても，本件のような建物名称の記載に誤りがあるなど，執行段階に至って苦慮するケースがあります。

(2)　別紙物件目録の記載事項

　別紙物件目録には，物件の特性に応じてケースバイケースですが，たとえば，以下の項目を記載します。

① 　所在
② 　家屋番号
③ 　種類
④ 　構造
⑤ 　床面積
⑥ 　明渡対象物件の平米
⑦ 　別紙図面との対応関係
⑧ 　住居表示

　このうち①〜⑤については，対象物件が登記されているのであれば，不動産登記事項証明書の記載をそのまま書き写します。一文字でも異なってしまえば執行不能となる可能性があり，判決言渡し後に誤植に気付いても，裁判所が更正決定してくれるとは限らないので要注意です。

　⑥については，賃貸借契約書等に記載されていることが多く，それらを確認して記載します。

　⑦は，次項で述べる「別紙図面」を付ける場合の記載です。マンションなどの区分所有建物であれば，たとえば，「上記12階部分のうち別紙図面イロハニホヘイで囲まれた1202号室部分45.48平方メートル」などと記載します。

　⑧については，登記事項証明書の不動産の所在の表示方法として地番が使わ

れていて，住居表示と一致しない場合に記載します。住居表示がなくとも，債務名義を取得すること自体は可能ですが，執行段階において，執行官は，地番よりも住居表示を重視して物件を特定する(注) ものであり，地番と住居表示とが一致しない場合，住居表示の記載がなければ執行官が執行不能であると判断するリスクが高まります。なお，地番と住居表示とが一致することを示す証拠として「ブルーマップ」を証拠提出することで執行不能を回避することが可能となります。

(注)　執行官は，執行に際して，登記事項証明書の地番ではなく，住居表示で物件を特定しています。これは，たとえ登記があっても地番が住所と異なることもあるので，登記があるからといって直ちに執行対象を特定できるわけではないと考えていることによるものと思われます。

▎3　別紙図面について

　訴状には，別紙物件目録のほかに別紙図面を添付し，図面によりさらに対象物件を特定するのが理想的でしょう。

　別紙図面については，何を使わなければならないという制約はなく，建築図面のような厳密な縮尺で記載されたものである必要はありません。古い建物の場合，建物図面がないこともあります。このようなときには，不動産仲介業者が用いる広告チラシの図面や建物建築時の設計図面などを用いると便利ですし，これらがなければ，手書きでも足ります。

　対象物件が区分所有建物であれば，他の部屋との区別が明確ですので，他の部屋との位置関係，その階の廊下などの構造，方角などを記載して対象物件の範囲を特定することができます。また，別紙物件目録との対応を図るために，対象物件の各点にイロハを振っておくと良いでしょう。

　一方で，居室などの専有部分だけを囲って各点を振り，ベランダなどの共用部分を囲い忘れるといったミスが起こりがちです。ベランダを含めて囲っておかないと，執行官が，ベランダの残置物については執行しない可能性があるため，注意が必要です。

4 ドアに号数の表示がないときの対応

　マンションなどの区分所有建物の場合，通常，各区分所有部分には「1202号室」のように号数が振られているので，この号数により執行対象を特定することになります。ところが，いざ現地に行ってみると，本件物件のドアに号数の表示がないということがしばしばあります。このような場合，執行官が執行対象を特定できないとして，執行不能であると判断する可能性があります。せっかく債務名義を取得したのですから，このような事態は避けなければなりません。

　なお，郵便受けに「1202号室」と書いてあったとしても，郵便受けは通常はマンションのエントランスに設置されるものであり，本件物件の位置関係とは対応していません。よって，郵便受けに号数の表示があっても，送達における受領場所との関係はともかくとして，強制執行における対象物件を特定する要素とはならないでしょう。

　ドアに号数の表示がない場合に執行対象を特定する具体的な方法としては，本件判決言渡し後に，早急に本件物件に「1202」といった号数が記載されたプレートを設置することが考えられます。

　とはいえ，すべての部屋にプレートを貼るならばまだしも，本件物件だけにプレートを貼るというのは便宜的に過ぎ，執行官が他の部屋との位置関係がなお不明確であるとの判断をするかもしれません。また，すべての部屋にプレートを貼るというのも，本件物件を含む横雲マンション全体をXが所有しているわけではありませんので，Xの管理権限が本件物件以外には及ばないため，管理組合を説得しない限り，実現することは難しいでしょう。

　その他の方法としては，たとえば，横雲マンションに管理人が常駐し，管理人が本件物件を含めた各部屋の合鍵を保管し，かつ，本件物件の合鍵に「1202号室」などといった記載があるといった事情があるかを確認することが考えられます。仮にそうした事情があれば，明渡催告の際に，管理人に依頼して合鍵で本件物件を開錠してもらうことで，執行対象物件を特定する方法が考えられ

ます。

5　物件の名称の変更があるときの対応

　本件では，訴訟提起後，執行申立て前に，建物の名称が「横雲マンション」から「颪ハイツ」に変更されています。判決文に記載されている建物の名称と登記されている建物の名称との間に食い違いが生じています。区分所有建物の強制執行に際して，マンションの名称は物件の特定のために重要な構成要素であり，判決の表示が旧名称のままで何の手当てもしなければ，執行官が，執行対象が不特定であるとして執行を中止または不能との判断をする可能性があります。そこで，甲としては，強制執行申立ての際，執行官に対し，建物の名称が変わった時期などの経緯につき報告書を作成し，「横雲マンション」と「颪ハイツ」の同一性に関する疎明資料を提出することとなります。

6　住居表示の変更があるときの対応

　全国の各市町村においては，平成の大合併に伴い，住居表示が変更されているケースも多々見受けられるところですが，こうした理由での住居表示の変更については，各市町村の担当部署に問い合わせれば比較的容易に疎明資料を作成することができます。

住宅地図（ブルーマップ等）がない

事案の概要

(1) Xは，千葉県某所の入り組んだ崖地に，ベランダから海が一望できることを売りとする1棟のリゾートペンションとして海吠リゾーツ（以下「本件物件」という）を建設し，その土地及び建物を賃貸借することを業とする者である。

(2) XはYに対して本件物件を賃貸借した。ところが，Yは賃料の支払いを怠るようになり，賃料4か月分を滞納した。

　　そこで，Xは本件物件の明渡しと未払賃料の支払いを求めて訴訟提起することとし，弁護士甲に依頼し，甲はこれを請けた。

(3) 早速，甲は訴訟提起の準備のために，担当の事務職員に対して「本件物件の不動産登記事項証明書，固定資産評価証明書及びブルーマップを取得してください」と頼んだ。

　　事務職員は，まずは登記事項証明書及び固定資産評価証明書を職務上請求して取り付けた。甲が，登記事項証明書の地番欄を見たところ，賃貸借契約書に記載された住居表示と一致しなかったため，事務職員に対して「本件物件のブルーマップを取得してください」と頼み，事務職員はブルーマップをコピーするために国会図書館へ向かった。

　　甲が事務所で別件の準備書面を起案していた際，事務職員より電話が掛かってきた。事務職員は「甲先生。海吠リゾーツがあるはずのブルーマップの頁を探したのですが，見つかりません。どうしましょうか?」と述べた。

(4) 甲は，ブルーマップなどの住宅地図がなくても登記事項証明書を証拠提出すれば債務名義を取得できるので問題はないと考えて，本件物件の建物明渡訴訟を提起した。

　　その後，請求認容判決が言い渡され，判決の確定を待って，確定証明

書を取得し，執行文の付与を受けたうえで，裁判所に対して本件物件の建物明渡強制執行を申し立てた。

　すると，執行官は甲に架電して「ブルーマップなどの住宅地図に物件が載っていないので，物件を特定できないのではないでしょうか。そのうえ，この辺りは住居表示も頻繁に変わっているし，このままでは執行不能になります」との疑問を示した。

　甲は心中穏やかではないものの努めて平静を装って「住宅地図以外の方法で物件を特定できるように準備します」と回答した。

1　問題の所在

　ブルーマップなどの住宅地図に本件物件の所在地の掲載がなく，このままでは，物件の所在地を特定できず，執行不能となる可能性があります。ブルーマップなどの住宅地図以外で物件を特定するためには，どのような方法が考えられるのでしょうか。

2　住宅地図による物件の特定

　登記事項証明書の地番欄の記載と賃貸借契約書の住居表示とが異なることはしばしば見受けられ，都心ではむしろ一致しないことの方が通常です。

　不動産登記事項証明書の所在地の地番と住居表示が一致しない場合，その不動産登記事項証明書の物件が住居表示上の物件と同一なのかどうかについては，両者を見比べても分かりません。そこで，住居表示と地番を繋ぐものとして，ブルーマップを活用するのが一般的です。

　ブルーマップとは，住宅地図の上に，登記所備付の公図の内容を重ね合わせて青色で印刷したものであり，住居表示から不動産登記の地番が一見して分かるように作製した地図帳のことをいいます。ブルーマップには地番と住居表示が並列して記載されていますので，地番と住居表示の対応関係を示すだけではなく，物件の所在地を地図上で明示しているため，物件の所在地をも特定する

ことができ，大変有用な証拠方法です。

　なお，地番と住居表示が一致する地域であればブルーマップは証拠として提出する必要はありませんが，強制執行の段階で執行官に提出することが多いため，予め取得しておくのが至便です。

3　ブルーマップの限界

　建物明渡の際には対象物件を特定する必要があり，登記事項証明書を提出することで物件が存在していることを立証することができます。そのため，訴訟段階において裁判所は，ブルーマップの提出がなくとも登記事項証明書の提出があれば，それだけで判決を言い渡すこと自体は珍しいことではありません。

　登記事項証明書の地番の記載と住居表示が一致しなくとも，ブルーマップに該当箇所の掲載があれば，執行段階で執行官に対してブルーマップを提出することで執行対象を特定することができます。

　しかし，登記事項証明書の地番の記載と住居表示が一致せず，かつ，ブルーマップに該当箇所の掲載がないときなどには，物件が具体的にどこに所在しているのかまでは分かりません。執行官としては，地図で物件の所在地が明示されなければ物件の所在地が分からず，明渡しの対象となる物件を特定することができないのです。その結果，せっかく債務名義を得ても執行不能となるリスクがあります。

　千葉県や神奈川県のような首都圏であっても，崖地で地形が入り組んでいたり，頻繁に地番や住居表示が変わる地域の場合，そもそもブルーマップにその地域の掲載がなされていないことがあります。ブルーマップは確かに有用な証拠方法ではありますが，残念ながら万能ではありません。

【物件の特定のための証拠方法とその立証趣旨】

---

①登記事項証明書（物件の存在）

②ブルーマップ（物件の所在地）

▌4　ブルーマップに代わる立証方法

　執行官は，執行の目的物の位置及び範囲が，塀や境界標等の存在等現地の形状から明らかなときはこれに基づき，現地の形状から目的物の位置及び範囲が明らかでないときは公図，地図，地積測量図，近隣者の陳述，債権者及び債務者の陳述等を総合して判断することになります（最高裁判所事務総局民事局監修『執行官提要〔第5版〕』（法曹会，2008）263頁）。このように，ブルーマップに本件物件の記載がなかったとしても，本件物件を特定できないとは限らないのです。

　甲としては，ブルーマップを提出したくても，ないものはないので仕方がありません。このような場合，本件物件の現地調査を実施し，確かにその物件が存在することを示すための証拠資料を作成して執行官に提出するほかありません。

　報告書の作成手順の一例としては以下のとおりです。

①　法務局で，本件物件に係る土地の公図・地積測量図，建物の建物図面を取得する。本件物件に係るものだけでは不足するようであれば，本件物件の近隣地についてもこれらを取得する。

②　本件物件の写真を撮影する。

③　公図・地積測量図等と写真から，崖などの地形を含めて本件物件及び近隣地の位置関係の地図を作製する。

④　市役所等から本件物件と近隣地の住居表示の変遷について聞き取り調査をする。

⑤　作成した地図と地番表示の変遷を順々に突き合わせていく。たとえば，昔はこの住居表示であったが，賃貸借契約締結時点ではこの住居表示という具合に記載する。

⑥　最終的に，崖などの地形に則して本件物件や近隣の土地の位置関係と住居表示を描いた地図を作製する（手書き可）。

平たくいいますと，ブルーマップを自分で作るようなものです。

Case Study
事例
5-3
立体駐車場をどのように特定するか

事案の概要

(1)　Xは機械式立体駐車場を所有している。その立体駐車場には駐車場としての機能があるだけであり，居住することはできない。

(2)　賃貸人Xと賃借人Yとの間で，立体駐車場のうち1台分のパレット（以下「本件物件」という）を賃貸借する契約が成立し（以下「本件賃貸借契約」という），Yには13番パレットが割り当てられた。

(3)　ところが，Yは賃料の支払いを怠るようになり，やがて，Yは合計4か月分の賃料を滞納するに至った。

　　そこで，Xは賃料不払いを理由として本件物件の明渡請求を行うこととし，弁護士甲に対し，本件物件の明渡請求を依頼した。

[本件の法律関係]

この立体駐車場はどのような構造なのか？

建物明渡請求

甲
（賃貸人代理人）

Y
（賃借人）

1　問題の所在

　立体駐車場の明渡請求をする際，別紙物件目録にどのような記載をして対象物件を特定するのでしょうか。

2 立体駐車場のシステムはどのようなものか

立体駐車場については，使用者に，あらかじめ割り当てられている特定のパレットに入庫する場合や，割り当てられた契約番号を入力したうえで不特定のパレットに入庫する場合など，立体駐車場のシステムに応じて使用者の使用範囲や使用態様は区々です。甲としては，まずは機械式立体駐車場の構造を確認するところからスタートすることになります。

3 別紙物件目録にはどのように記載するか

たとえば，「13番パレット」といったように，特定のパレットがあらかじめ割り当てられている場合，青空駐車場の「13番駐車場」を貸借しているのと同様に考えることができます。このような場合，別紙物件目録の住居表示の部分に「付属駐車場13番パレット」などと記載することとなります。

では，特定のパレットに入庫するのではなく，使用者に割り当てられた契約番号で駐車スペースを管理する場合についてはどうでしょうか。たとえば，契約番号が13番であれば，立体駐車場内の特定のパレットが割り当てられていなくとも，システム上青空駐車場の「13番駐車場」を貸借しているのと同じく考えることができます。このような場合にも，別紙物件目録の住居表示の部分に「付属駐車場13番駐車場」などと記載することで物件を特定することができます。

もっとも，上記はあくまでも一例ですので，立体駐車場のシステムに応じて，別紙物件目録の記載を工夫する必要があります。また，訴状においても，必要に応じて，立体駐車場の構造やシステムについて記載しておくと良いでしょう。

どこに停めるか分からない駐車場

事案の概要

(1)　Xは，大阪府大阪市中央区南船場〇丁目〇番〇号所在の土地につき「車返しモータープール」との名称の屋外駐車場を所有している（以下「本件駐車場」という）。

(2)　賃貸人Xと賃借人Yとの間で，Xが所有する本件駐車場のうち13番駐車枠を賃貸借する契約が成立し（以下「本件賃貸借契約」という），その後，Yは本件駐車場にYが所有する自動車を駐車するようになった（以下「本件自動車」という）。

　　ところが，やがてYは賃料を滞納するようになった。

　　そこで，Xは本件自動車を本件駐車場から撤去させるために，弁護士甲に対して本件駐車場の明渡しを依頼した。

(3)　甲は，賃貸借契約書の記載に従い，訴状別紙物件目録における本件駐車場の住居表示を「大阪府大阪市中央区南船場〇丁目〇番〇号所在車返しモータープール13番」と記載して特定しようと考えていた。

　　ところが，甲は本件物件の管理会社であるA社の担当者と電話で話した際，担当者より「屋外駐車場の中であればどこでも自由に停められます。実際には駐車枠はありません。本件賃貸借契約の契約書には13番と書かれていますけれど，あれは管理のために使用者ごとに番号を振っただけのことで，実際の屋外駐車場には13番などの番号は書かれていません」との事情を聞き取った。

　　甲は，本件自動車を特定することができず執行ができない可能性があるものと考えて，さらにA社の担当者に尋ねたところ，Yがどこに本件自動車を停めるかは分からないものの，本件自動車のナンバープレートは分かるとの回答があった。

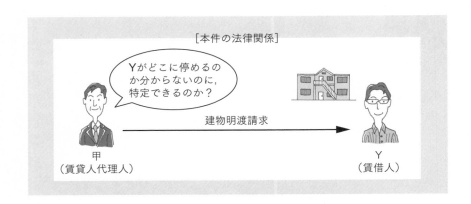

[本件の法律関係]

Yがどこに停めるのか分からないのに、特定できるのか？

建物明渡請求

甲
（賃貸人代理人）

Y
（賃借人）

1　問題の所在

　駐車場の明渡しの強制執行の際，物件を特定する必要があります。本件のように，賃借人が駐車スペース内に自由に駐車できるような場合，対象物件を特定する方法としてどのような方法が考えられるでしょうか。

2　屋外駐車場全体の明渡しを請求する方法

　まず，第一の方法として駐車場全体の土地明渡しを請求することが考えられます。この場合，別紙物件目録の住居表示として「大阪府大阪市中央区南船場○丁目○番○号所在車返しモータープール」とだけを記載することとなります。

　しかし，この方法では，屋外駐車場の面積全体を基準にして印紙代を算出することになるため，駐車場の規模によっては，訴訟費用が増加してしまいます。また，仮にこの方法で判決を取得することができたとしても，明渡しの強制執行の段階で，屋外駐車場のうちのどの部分の明渡しを求めるのか，執行対象の特定に困ることになります。

3　登録番号で特定する方法

　本件のようなケースでは，別紙物件目録に，Yの自動車の車体番号などを記載して特定する方法が良いと思われます。この方法では，別紙物件目録に「上

記のうち，登録番号（練馬111あ2222）小型自家用乗用自動車が置いてある部分約12.5平方メートル」などと記載します。

　車体番号を特定するために，たとえば，駐車場使用契約書の書式として賃借人が駐車する車両の車体番号をあらかじめ記載するようなものであれば，駐車場使用契約書を証拠として用いることができます。仮に駐車場使用契約に車体番号の記載がない場合であっても，Yの自動車のナンバープレートの記載さえ分かれば，弁護士は，陸運局に車体番号を照会[注]することができます。自動車の登録事項証明書を証拠提出することで足りるでしょう。

　占有面積については，車両の面積を記載し，車両の面積については，車両のカタログを確認するほか，製造メーカーに直接問い合わせるといった方法が考えられます。

（注）　弁護士法23条に基づく照会なので，「23条照会」といいます。また，弁護士会を介しての照会なので，「弁護士会照会」ともいいます。

4　本当にYが本件駐車場を利用しているか

　なお，どの車両がYの自動車なのか特定できないのであれば，Yが本件駐車場を使用しているのかどうかも分からないため，そもそも明渡訴訟を提起するべきかどうかを検討しなければなりません。甲としては，Yによる駐車場の使用状況について管理人などに問い合わせるのが良いでしょう。

Case Study
事例
5-5
駐車場番号の表示がない駐車場

事案の概要

(1) Ｘは，大阪府大阪市中央区南船場〇丁目〇番〇号所在の土地につき「車返しモータープール」との名称の屋外駐車場を所有している（以下「本件駐車場」という）。屋外駐車場の敷地内には管理用の建物が建っており，同建物は登記されている。

(2) 賃貸人Ｘと賃借人Ｙとの間で，Ｘが所有する本件駐車場のうち13番駐車枠（以下「本件物件」という）を賃貸借する契約が成立し（以下「本件賃貸借契約」という），その後，Ｙは，本件駐車場に，Ｙが所有する自動車を駐車するようになった（以下「本件自動車」という）。

　ところが，Ｙが賃料の支払いを怠るようになったため，Ｘは本件自動車を本件物件から撤去させるために，弁護士甲に対して本件物件の明渡しを依頼した。

(3) 甲は，賃貸借契約書の記載に従い，訴状別紙物件目録における本件物件の住居表示を「大阪府大阪市中央区南船場〇丁目〇番〇号所在車返しモータープール13番」と記載して訴訟提起し，その後，判決を言い渡され，控訴期間の経過により判決が確定した。

(4) ところが，甲が，強制執行の申立て前に，本件物件の管理会社であるＡ社の担当者と電話で話した際，思いがけず，担当者より「Ｙはいつも同じ駐車枠に駐車しています。屋外駐車場の地面にはロープが張ってあり，各駐車枠をはっきりと区別させてありますが，実際の屋外駐車場には13番などの番号は書かれていません。本件賃貸借契約の契約書には13番と書かれていますが，あれは管理のために使用者に番号をかなりいい加減に振っただけのものであって，実は他の利用者の番号とも重複しています」との事情を聞き取った。

　甲は，判決確定後に，Ａ社の担当者から思わぬことを聞き，このまま

では執行対象を特定できないことが判明したため，執行段階において，どのように対応するのか検討することとした。

1　問題の所在

本件では別紙文献目録の住居表示に誤りがあったため執行不能のおそれがあります。訴訟の段階における物件の特定が不十分であった場合に，執行段階においてどのようにリカバリーする方法が考えられるでしょうか。

2　物件の特定の必要性について

執行官は，判決正本に添付された別紙物件目録と別紙図面を参照して明渡しの対象となる物件を特定し，実際に執行を行います。明渡催告のために本件物件に赴いた際に，現地に駐車場の番号が記載されていない場合，対象物件を特定できないものとして，執行を中止し，または執行不能であると判断する可能性があります。

訴訟の段階において執行対象を特定する必要がありますので，甲としては，その特定は，自動車の登録番号をベースにした記載の方法によるべきでした（ 事例5-4 の 3 参照）。

甲としては，再度訴訟提起して債務名義を取り直す方法も考えられるところではありますが，Ｘの理解を得られるとは限りません。そこで，別紙物件目録に本件土地の住居表示として「大阪府大阪市中央区南船場○丁目○番○号所在車返しモータープール13番」との記載があり，かつ，管理会社Ａの把握する駐車場番号が記載された別紙図面が判決正本に添付されていることを前提に，強制執行の段階でのリカバリーの方法について検討します。

3　駐車枠を特定する方法

駐車場において，実際に駐車枠があり，かつ，駐車場番号が表示されていれば，対象物件の特定は容易です。たとえば，本件賃貸借契約だけではなく屋外

駐車場全体での駐車料利用契約が，別紙図面の駐車枠番号の記載どおりに運用されていることを確認することができるといった事情があれば，管理会社Aの協力を得て，屋外駐車場の全ての駐車枠に実際に駐車枠の番号をペンキ等で書いてもらう，番号を記載したプレートを貼り付けてもらうといった方法が考えられます。

　しかし，残念ながら本件では，駐車枠は特定できても，駐車場番号は使用者にかなりいい加減に割り振られた管理番号であって，対象物件の特定には役立ちそうにありません。

4　駐車場の番号を表示できないときの方法

　幸いなことに，本件では，管理用建物が登記されており，管理用建物の所在場所を明確に特定することが可能です。訴訟段階の別紙物件目録を作成する方法が考えられるところです。管理用建物は明渡しの目的物それ自体ではありませんが，管理用建物を新たな別紙物件目録に記載し，この別紙物件目録と別紙図面を次頁のように組み合わせることで，管理用建物と駐車枠との位置関係から見て対象となるYが使用している駐車枠を特定することができます。管理用建物と駐車枠との距離については，メジャーを当てて実際に計測すれば十分です。また，方角については，方位磁石を持参して確認すれば足ります。

　このように新たに物件目録を作成し，判決文の物件目録との対応関係について報告書を作成して執行官へ提出することとなります。そうは言っても，最終的な判断は執行官に委ねられており，執行官が執行不能と判断するようであれば，再度訴訟提起して債務名義を取り直さざるを得ません。甲としては，このような困難な状況を事前にXに説明しておくことが大切です。

【リカバリーとしての別紙物件目録・別紙図面の様式】

（別紙）　　　　　　　　物 件 目 録

1　土地

　所　在　　大阪府大阪市中央区南船場○丁目○番○号

　地　番　　○○番○○

　地　目　　宅地

　地　積　　○○．○○平方メートル

　大阪府大阪市中央区南船場○丁目○番○号所在車返しモータープールのうち別

紙図面ホヘトチホで囲まれた別紙物件目録 2 記載の建物壁面から○メートルにあ

る別紙図面イロハニイで囲まれた○平方メートルの土地

2　建物

　所　在　　大阪府大阪市中央区南船場○丁目○番○号

　家　屋　　番号○○番○○

　種　類　　事務所

　構　造　　木造瓦葺 2 階建

　床　面　積　　1 階○○．○○平方メートル

　　　　　　　　2 階○○．○○平方メートル

（別紙）　　　　　　　　図　　　　面

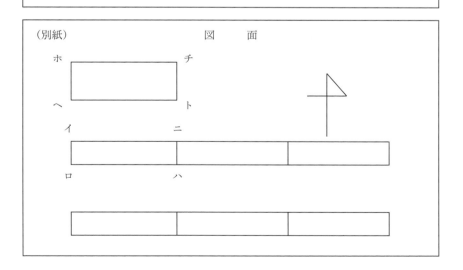

どこに停めるか分からない駐輪場

事案の概要

(1) Xは，賃貸用マンションを所有しており（以下「本件物件」という），同マンションの敷地内には，賃借人が自由に使用することができる駐輪場（以下「本件駐輪場」という）が設置されている。当該駐輪場には駐輪枠がなく，利用者がどこに駐輪するかも指定されていないうえ，利用者の自転車には管理用のステッカーを貼り付けられることもない。

(2) 賃貸人Xと賃借人Yとの間で，Xが所有する上記マンションの1室及び本件駐輪場を賃貸借する契約が成立した。本件駐輪場の使用に際しては，本件賃貸借契約上，賃料とは別に使用料が発生するとの定めはない。

(3) ところが，Yは賃料の支払いを怠るようになり，やがてYは賃料を滞納するようになった。

　そこで，Xは賃料不払いを理由として本件物件及び本件駐輪場の明渡請求を行うこととし，弁護士甲に対して本件物件及び本件駐輪場の明渡請求を依頼した。

(4) 甲が，管理会社より聞き取ったところ「Yが本件駐輪場のどこに自転車を停めているのかは分かりません。そもそもYが本件駐輪場を使用しているのかも分からない」とのことであった。

[本件の法律関係]

Yがどこに停めるのか分からないのに，そもそも裁判を起こす必要があるのか？

建物明渡請求

甲
（賃貸人代理人）

Y
（賃借人）

1　問題の所在

どこに停めるか分からない駐輪場を賃貸借している場合，明渡しの目的物を特定するために，どのような方法が考えられるのでしょうか。そもそも，実際に使用しているかも分からないのに訴訟を起こす必要があるのでしょうか。

2　そもそも明渡対象を特定可能なのか

本件では，Yがどこに自転車を停めるか分からず，明渡しの対象物件を特定できないという事情があります。そのうえ，Yの自転車には管理用ステッカーが貼られているわけでもなく，どれがYの自転車なのか見分けることさえも困難であるという特殊性もあります。甲としては，防犯カメラの映像等を分析してYの自転車を特定する方法もあるにはありますが，それは不経済というほかありません。

3　それでも駐車場全体の明渡しを求めるか

どうしてもと言うのであれば，駐輪場全体の明渡しを求める方法が考えられます。

しかし，債務名義を取得して執行をするにしても，そもそもYの自転車を特定できない可能性がありますので，本件のようなケースでは，執行官より，本件駐輪場の強制執行については取り下げてはどうかと示唆されることになるとも考えられます。

とはいえ，後日，Yが駐輪場の占有を主張して争ってくることもありえないわけではありません。そのため，甲としては，ひとまず本件駐輪場全体を目的物とする債務名義を取得しておいて，実際には強制執行の申立てはしないという方針も考えられるところではあります。このあたりのバランスについてはXの意向次第といえます。

4　そもそも明渡しを求めるか

　もちろん，管理会社がYの自転車の存在を把握していないだけであって，実際にはYの自転車が駐輪されている可能性もあります。

　しかし，駐輪されているのが単なる自転車であれば，自動車が駐車場に放置されているほどに賃貸人に実害が生じるわけではありません。

　甲としては，本件物件の強制執行の段階で，Yと接触することができたならば，その場で「自転車も持って行って」などと告げておけば足りることもあるでしょう。また，仮にYの自転車を特定できたものの執行段階でYと接触することができなかったとしても，Yの自転車をしばらくそのまま放置して様子を見るといった方法もありうるところです。

Case Study
事例
5-7

コンテナは建物か

事案の概要

(1) Xは所有する土地にコンテナを設置し，レンタルボックス業を営んでいる。コンテナは砂利を敷き詰めた土地に置かれただけの簡素な設置構造である。

(2) Xは，Yに対し，コンテナの1つを貸し渡した（以下「本件物件」という）。Yは本件物件内に段ボールなどの動産を保管している。

しばらくして，Yは賃料の支払いを怠るようになった。そこで，Xは賃料不払いを理由として本件物件の明渡請求を行うこととし，弁護士甲へ依頼した。

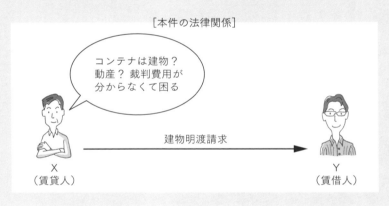

[本件の法律関係]

コンテナは建物？
動産？ 裁判費用が
分からなくて困る

建物明渡請求

X
（賃貸人）

Y
（賃借人）

1　問題の所在

コンテナは建物なのでしょうか。それとも動産でしょうか。コンテナの明渡請求については，訴訟物をどのように選択するのが妥当でしょうか。仮にコンテナを動産と捉えた場合，訴額をどのように算定するのでしょうか。

2 コンテナは建物か

本件物件は居住するためのものではなく，動産の保管施設であるレンタルボックスを用途とするものであり，建物（不動産）ではなく，動産または土地工作物として捉えるべきものです。

3 動産と土地工作物は何が違うか

動産なのか土地工作物なのかについては，コンテナの設置状態を確認して判断します。コンテナが土地に固定されていれば，土地工作物であり，土地に固定されることなく，単に置いてあるような設置構造であれば動産であるといえます。本件物件は砂利を敷き詰めた土地に置かれただけの簡素な設置構造であることから，土地に固定されておらず，そのため，動産として法律構成するのが妥当です。

4 コンテナの中身はどうするか

コンテナには中身があります。コンテナの明渡しと中身の収去は別個の訴訟物となりますので注意が必要です。

したがって，本件の訴訟物は，動産たる本件物件の引渡及びコンテナ内に保管されている段ボールなどの動産の収去の2個です。

5 訴額の算定について

では，本件物件を動産として捉えた場合，訴額をどのように算定するのでしょうか。

訴訟提起時に，裁判所に対し，訴状や証拠とともに，訴額算定に関する上申書を提出する際に，上申書に記載するコンテナの価値をどのように算定するのかについて検討します。

レンタルボックスを営む事業者であれば，コンテナの所有者は，税務上，コンテナを償却資産として保有しているのが通常です。そこで，訴額算定の際の

コンテナの価値については，国税庁の定める動産の耐用年数とそれに伴う償却率により算定します。

　具体的には，コンテナの購入価格から，購入時より訴訟提起時までの償却額を差し引いて，本件物件の現在の価値を計算します。上申書の提出に際しては，コンテナ購入時の請求書，コンテナの写真，国税庁の耐用年数表，国税庁の減価償却資産の償却率表などを添付書類とすることが考えられるところです。

　裁判所へ提出する訴額算定の上申書としては，たとえば，次頁のようなものが考えられます。

動産引渡等請求事件
原　告　X
被　告　Y

上　　申　　書

令和3年3月8日

東京地方裁判所　民事部　御中

原告訴訟代理人　弁護士　甲

　頭書当事者間の訴状の訴額の算定方法につきまして，下記のとおり上申致します。

記

1　本件で引渡しを求めているレンタルボックスは，添付の写真及び御請求書記載
　のとおり，コンテナであり，所有者である原告においても償却資産として保有し
　ております。
　　従いまして，訴額の算定は，国税庁の定める動産の耐用年数とそれに伴う償却
　率により下記のとおり算定致しました。

【算定方法】
・コンテナの購入価格　　1台　44万円
　　　　　　　　　　　　本件は添付の御請求書記載のとおり，1台で2室あるも
　　　　　　　　　　　　のなので，3台となります。
　　　　　　　　　　　　44万円×3＝132万円
・コンテナの購入年月日　令和元年5月30日
・耐用年数　　　　　　　6m以上のもので7年（本件はこの年数に対応します）
・定額法償却率　　　　　0.143

上記の方法で計算すると

　44万×0.143＝6万2,920円（1年の償却額）

　6万2,920×3＝18万8,760円（1年当たりの3台分の償却額）

ただし，初年度は6月からの保有となるので，月数割をし，

　6万2,920÷12×7＝3万6,703円

　3万6,703×3＝11万109円が初年度（令和元年度）の償却額となります。

上記の数字で3台分の令和3年度までの償却額を計算すると

　11万109円＋18万8,760円×3＝67万6,389円となり，これを購入代金132万円から差し引いた64万3,611円が本件の訴額となります。

以　　上

添　付　書　類

1　御請求書写し　　　　　　　　　1通
2　コンテナ写真　　　　　　　　　1枚
3　国税庁の耐用年数表　　　　　　1通
4　国税庁の減価償却資産の償却率表　1通

第 6 章

信頼関係の破壊

Case Study
事例
6-1

「賃料不払いによる信頼関係の破壊」とはどのような場面か

事案の概要

(1)　XとYは，マンションの１室につき，賃貸人をX，賃借人をYとし，賃料につき翌月分を前月払いとする内容で賃貸借契約を締結した（以下「本件賃貸借契約」という）。

　　本件賃貸借契約には「XはYが賃料の支払いを１か月分怠ったとき，本件賃貸借契約は当然に終了し解除及び本件物件の明渡請求をすることができる」との条項が定められている（以下「本件条項」という）。

(2)　しばらくしてYは賃料の支払いを怠りがちになり，やがて毎月の支払期限までに賃料を支払わなくなった。その後，Yが賃料合計２か月分を滞納したことから，Xは賃料不払いを理由として建物明渡請求を行うこととし，弁護士甲へ依頼することとした。

(3)　Xは甲に対して「家賃の支払いだけは絶対に遅れないって固く約束したから入居を認めたのです。そのための本件条項です。１か月分でも怠ったら契約を解除できるのに，Yさんは２か月分も怠っているのは許せません。すぐに出て行ってもらいたいです」と述べた。

　　するとXの予想に反して，甲は「本件条項に反するだけで退去させるのは難しいでしょう」「今の状況では，裁判所としては，XさんとYさんとの信頼関係が破壊されたとは判断してくれないと思われます」と述べた。

　　Xは納得できず「私とYさんとの間には，もう信頼関係なんてものはありません」と憤慨した。

　　その後，Yが賃料合計２か月分を滞納したことから，Xは，賃料不払いを理由として建物明渡請求を行うこととし，弁護士甲へ依頼し，甲は，Yに対する建物明渡請求訴訟を提起するに至った。

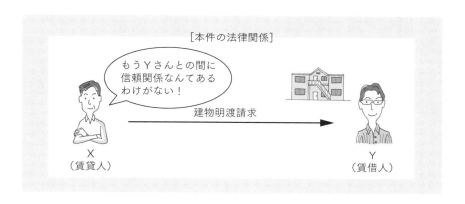

[本件の法律関係]

もうＹさんとの間に
信頼関係なんてある
わけがない！

建物明渡請求

X
（賃貸人）

Y
（賃借人）

1　問題の所在

① 本件では賃料の支払いが遅れていますので，約定解除権の発生事由があ
ります。では，本件賃貸借契約を約定解除することができるのでしょうか。

② 「賃料不払いにより信頼関係が破壊された」と評価するためには，何か
月分の賃料の滞納が必要となるのでしょうか。

2　約定解除権で勝負ありではないか

本件条項のように，賃貸借契約書上，賃料を１か月分でも遅滞した場合は
当然に約定解除権が発生するとの条項が定めてあることが多々あります。

しかし，Ｙが１か月分の賃料の支払いを怠ったときに，本件条項に基づいて
賃貸借契約の終了を主張できるのかというと，必ずしもそうではなく，賃貸借
契約の解除権の発生要件としては，賃貸人と賃借人との間の信頼関係が破壊さ
れているものと評価できる事情が必要であると解されています（最判昭51・
12・17民集38巻12号1411頁参照）。

とはいえ，本件条項が定められていることはそれだけでは決定打ではないも
のの，信頼関係破壊の評価根拠事実の１つとなりうるものといえます。本件
では，未払賃料が２か月分であるため多数回に及ぶとまではいえず，甲とし
ては，本件条項が定められているところＹが本件条項に反していることについ

ても主張しておくのが良いでしょう。

3 賃料の支払遅滞の立証をするか

　賃借人がこれまでに賃料の支払いを度々怠ったという事情は信頼関係破壊の評価根拠事実の１つとして考慮されうるものです。

　本件では，未払賃料が２か月分であるため多数回に及ぶとまではいえないのは上述のとおりであり，甲としては，Ｙが毎月賃料の支払いを怠ったことについても主張しておくことが考えられます。

　たとえばＹが口頭弁論期日に出廷し，「賃料の支払いは遅れていない」などと述べて争ってきたときには，Ｙの毎月の入金状況を立証する必要があります。このようなときには，甲としては，必要に応じて，Ｘより，通帳などの入金履歴を取り付けて，遅滞した状況を具体的に主張立証することとなります。しかし，その場合には裁判所がさらなる期日指定をすることが考えられます。そうなると，その分退去完了までの時間を要することになります。過去の遅滞歴は決定打ではないことも踏まえると，甲としてはあえて賃料の支払遅滞の立証をせず，裁判所に対して弁論終結を求めるという選択肢もあります。

4 何か月分の滞納で信頼関係が破壊されたと評価できるのか

　信頼関係の破壊があったかについては総合考慮して判断されるものですので，一概に何か月とはいい切れない面がありますが，たとえば何か月分の賃料の滞納があれば信頼関係が破壊されたとまでいえるのでしょうか。

　私見としては，過去の裁判例等に照らすと，擬制自白が適用される場合を除いて，２か月分の滞納であれば裁判体によって判断が分かれるものの，３か月分の滞納であれば請求が認容される傾向にあるように思われます。

　したがって，１つの目安としては３か月分以上の滞納があることではないかと考えられます。ただし，あくまでも私見であり，裁判体によっては，３か月分の滞納では信頼関係が破壊されているとまではいえないと評価される可能性がある点にご注意ください。

Case Study
事例
6-2

少しでも前倒しして訴訟を起こしたい

事案の概要

(1)　XとYは，マンションの1室につき，賃貸人をX，賃借人をYとし，賃料につき翌月分を前月払いとする内容で賃貸借契約を締結した（以下「本件賃貸借契約」という）。

　　本件賃貸借契約には，「XはYが賃料の支払いを1か月分怠ったとき，本件賃貸借契約は当然に終了し解除及び本件物件の明渡請求をすることができる」との条項が定められている（以下「本件条項」という）。

(2)　しばらくしてYは賃料の支払いを怠りがちになり，やがて毎月の支払期限までに賃料を支払わなくなった。その後，Yが賃料合計2か月分を滞納したことから，Xは賃料不払いを理由として建物明渡請求を行うこととし，弁護士甲へ依頼することとした。

(3)　Xは甲に対して「家賃の支払いだけは絶対に遅れないって固く約束したから入居を認めたのです。Yさんは2か月分も怠っているのは許せません。すぐに出て行ってもらいたいです」と述べた。しかし，甲としては，2か月分の滞納をもって信頼関係の破壊と評価できると言い切ってしまって良いのか自信が持てなかった。

[本件の法律関係]

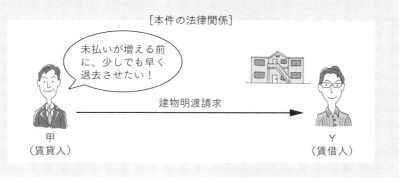

未払いが増える前に、少しでも早く退去させたい！

建物明渡請求

甲
（賃貸人）

Y
（賃借人）

1　問題の所在

　甲の立場からすると，Yの未払いが多ければ多いほど安心して「信頼関係の破壊」を主張しやすいところです。その一方で，賃貸人たるXの立場からすると，少しでも未払いが少ない段階で退去を実現させたいと望むのが通常です。訴訟提起を前倒しするに際しては，どのようなタイミングが考えられるのでしょうか。

2　訴訟提起のタイミング

　さて，合計3か月分の賃料を滞納したという事情が，信頼関係が破壊されたと評価される1つの目安であると考えられるのは　事例6-1　のとおりです。この目安を踏まえて訴訟提起のタイミングについて検討します。

　万全を期すのであれば3か月分目の支払期限が経過するのを待って，その後で訴訟を提起するのが確実です。

　しかし，確実性よりもスピードを重視するのであればもう少し早く訴訟を提起することもありえます。裁判所は，第一回口頭弁論期日につき，訴訟提起してから少なくとも1か月間程度の期間をあけて指定するのが通常です。その間に，3か月分目の賃料の支払期限が経過することとなり，Yがさらに3か月分目の賃料についても支払いを怠る可能性が高いものといえます。そうすると，2か月分目が滞納した時点で解除の意思表示をし，追って訴訟提起をすれば，第一回口頭弁論期日に至った時点において，Yは合計3か月分を滞納した状態になっています。

　裁判所としても，訴訟を起こされながらもなお未払い分を支払ってこないのであればYが今後も賃料を支払う意思がないものと判断するとともに，3か月分の賃料の支払いを怠っていて上記の目安をクリアーしていますので，Xの請求を認容する方向での価値判断が働くものと考えられます。

　このように，最短期間で訴訟提起する流れとしては，2か月分目の賃料の支払期限の翌日に，まずは未払賃料の支払いにつき相当期間を定めて催告する

とともに，催告期間内にその支払いがなければ本件賃貸借契約を解除する旨の意思表示を内容証明郵便等で発送し，解除の意思表示が到達して催告期間が経過した翌日に，訴状を裁判所へ送付して訴訟提起するということが考えられます。

3　訴状による解除の意思表示を忘れずに

なお，訴状においては，主位的に，2か月分の滞納をしており，訴訟提起に先立ち内容証明等で解除の意思表示をしていることを中心的な主張としつつ，3か月分の滞納をしていることを見据えながら，予備的に訴状による契約解除の意思表示をしたことを主張しておくことが望ましいです。

【訴訟提起までのスケジュールの一例】

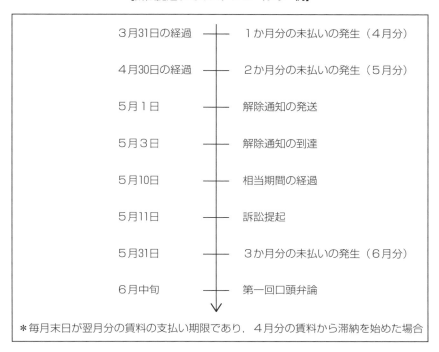

3月31日の経過	1か月分の未払いの発生（4月分）
4月30日の経過	2か月分の未払いの発生（5月分）
5月1日	解除通知の発送
5月3日	解除通知の到達
5月10日	相当期間の経過
5月11日	訴訟提起
5月31日	3か月分の未払いの発生（6月分）
6月中旬	第一回口頭弁論

＊毎月末日が翌月分の賃料の支払い期限であり，4月分の賃料から滞納を始めた場合

賃料不払いの正当事由

事案の概要

(1)　賃貸人Xと賃借人Yは，マンションの1室（以下「本件物件」という）につき，賃貸借契約を締結した（以下「本件賃貸借契約」という）。

　　　ところが，しばらくしてYは賃料の支払いを怠り，合計4か月分の賃料を滞納するに至った。そこで，Xは賃料不払いを理由として建物明渡請求を行うこととし，弁護士甲へ依頼した。

(2)　依頼を受けた甲は，Yに対し，未払いの4か月分の賃料の支払いにつき，相当期間を定めて催告した。催告期間が経過しても，Yは4か月分の未払賃料を一切支払ってこなかったため，XはYに対する建物明渡請求訴訟を提起した。

(3)　Yは第一回口頭弁論期日に先立って「本件物件の洗面所の下水道が詰まっていて排水漏れして床が腐ったので，1年以上前から現在に至るまで，Xに対して修繕をするように何度も頼んできた。しかし，Xは一切修繕してくれず，洗面所を使うことができなくなった。洗面所を使えないのに賃料を払う義理はない。請求は棄却されるべきである」との答弁書を提出した。

　　　甲がXに事実関係を確認したところ，Xは「これまでに，本件物件の洗面所の下水道が詰まっていて排水漏れすることがしばしばあって，その都度修繕していた。しかし，Yがあまりの剣幕で罵ってくるのが許せない。しかも，工事業者から，Yが髪の毛やらゴミやらを洗面所の排水孔にそのまま流してしまっているので下水道が詰まってしまうと聞いてからは修繕に応じる気が失せたので，修繕の依頼があっても放置していた」と述べた。

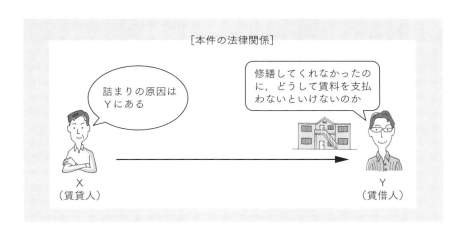

1 問題の所在

　本件では，訴訟提起後に，賃貸人が修繕義務を怠っていることが判明しました。賃借人は，そのことを突いて賃料を支払う義務を免れるものと争ってきています。賃料不払いを理由とした本件賃貸借契約の解除権は有効に発生したといえるのでしょうか。

2 同時履行の抗弁権

　賃貸借契約の締結により，賃貸人は賃借人に対して賃貸目的物を使用収益させる義務を負う一方で，賃借人は賃貸人に対して賃料を支払うべき義務を負い，両債務は同時履行の関係にあります。すなわち，賃貸人が賃借人に対して賃貸目的物を使用収益させる義務を怠ったのであれば，賃借人は賃貸人による使用収益させる義務の不履行を抗弁事由として，修繕義務不履行が続く間，賃料債務の履行を拒絶しても賃借人は債務不履行責任を負わないものと解されます（諸説ありますが，これを同時履行の抗弁権と位置づけることが可能です。谷口知平／五十嵐清編『新版注釈民法⒀』（有斐閣，2006）587頁）。

　したがって，賃貸人が修繕義務を怠っていた場合，賃借人は賃料を支払わなくても債務不履行責任を負わない可能性があります。

3 　賃料の支払義務を免れる範囲

　もっとも，賃料債務の全額について賃料の支払義務を免れるかというと，必ずしもそうではありません。

　賃貸目的物の全部が使用収益に耐えないような状態になったときには賃借人は使用収益できなかった期間につき，賃料債務の全部を免れることになりますが，賃貸目的物の一部が使用収益できない状態になったときには賃料債務の一部を免れるに留まるものです（民法611条１項）。

　本件では，Ｙは洗面所が使用できなかったとしても，現実には本件物件に居住しており，本件物件が全く使用収益に耐えないような状態になっていたとまではいえません。そのため，賃貸目的物たる本件物件の一部が使用収益できない状態であり，賃借人Ｙとしては，賃料の一部の支払いを免れるに留まります。甲としては使用不能部分の割合が一部に留まることを指摘することになるでしょう。

　一部使用不能の場合，使用不能部分の割合に応じた当然減額となります（民法611条１項）。賃借人の請求を待たずに，当然に賃料減額となる点に注意が必要です。

　甲としては，どの時点で一部使用不能が発生したのか確認し，減額の対象となる賃料の発生時期を絞り込むことになるでしょう。

4 　賃借人に帰責性があるケース

　賃借人が使用収益の障害となるような状態を自ら作り出すなど，賃借人の責めに期すべき事由により修繕が必要になった場合にまでその障害を排除するべき義務を賃貸人に負わせることは不適切です。賃借人の責めに期すべき事由により修繕が必要になった場合には賃貸人に修繕義務は発生しません（民法611条１項）。

　本件では，下水道が詰まった原因として，Ｙが洗面所を適切に使用しなかった可能性があります。そうすると，賃借人に帰責性があり，そのためにＸは修

繕義務を負わず，Yが賃料支払い義務を免れることもないと考えることもできます。甲としては，工事業者から工事報告書を取り付けて事実関係を確認することになるでしょう。

賃借人が催告期間内に一部だけ支払ってきた

事案の概要

(1) 賃貸人Xは賃借人Yに対してマンションの1室を貸し渡した（以下「本件物件」という）。

　ところが，しばらくしてYは賃料の支払いを怠り，合計6か月分の賃料を滞納するに至った。そこで，Xは賃料不払いを理由として建物明渡請求を行うこととし，弁護士甲へ依頼した。

(2) 依頼を受けた甲は，Yに対し，未払いの6か月分の賃料の支払いにつき，相当期間を定めて催告した。すると，Yは催告期間の満了日に甲が解除通知で指定した振込口座へ2か月分の未払賃料だけを振り込んで支払ってきた。

(3) その後，甲は催告期間の満了を待って，Yに対する本件物件の建物明渡及び未払賃料の支払いを求めて訴訟提起した。

　すると，Yは，第一回口頭弁論期日前に，残りの4か月分の未払賃料についても，甲が解除通知でXの指定した振込口座へ振り込んで支払ってきた。

　Yは「未払賃料は全て弁済したのだから，請求は棄却されるべきである」との答弁書を提出した。

[本件の法律関係]

1　問題の所在

① 本件賃貸借契約を解除するとの意思表示をした結果、Yは催告期間内に一部だけを支払ってきました。このような場合であっても本件賃貸借契約の解除権は有効に発生したといえるのでしょうか。

② 続けて、催告期間経過後に、Yは残りの未払賃料を支払ってきました。これでYの未払賃料はゼロになりました。このような催告期間経過後に発生した事情については、本件賃貸借契約の解除権の行使を妨げるのでしょうか。

2　一部だけ支払ってきたらどうなるか

賃貸人が賃料不払いを理由として賃貸借契約を解除する際には、催告を不要とするほどの例外的な事情がある場合を除いて、条件が成就した契約終了の意思表示だけでは足りず、催告をしたうえで催告期間内の不履行の事実を主張立証しなければなりません。

催告解除は社会通念に照らして軽微な債務の不履行であるときには、解除権の行使が制約されます（民法541条但書）。しかし、Yは、催告期間内に、未払賃料6か月分のうち2か月分の未払賃料だけを支払ったものであり、要求された債務の全部の履行に応じたものではありません。

上記Yの2か月分の未払賃料債務の履行により、賃貸人と賃借人との間の信頼関係が破壊されたものと評価できなくなったのであればともかく、本件では、催告期間の満了時において、なお4か月分の未払賃料が残っています。4か月分の未払賃料があることをもって信頼関係破壊の事情があるものと主張することは十分に考えられるところです。本件賃貸借契約の解除権は有効に発生したといえます。

なお、遅延損害金の支払催告をしているときには、まず遅延損害金に充当されて、その残が賃料部分に充当されることになります（ 事例7-1 参照）。

3　解除権発生後の事情は考慮されるか

　解除の意思表示が賃借人に到達した以降の事情については信頼関係が破壊されたとの評価根拠事実として考慮されないものと解されます。

　Yは催告期間経過後にさらに残りの4か月分の未払賃料を支払っていますが，それは解除権発生後の事情であり，信頼関係破壊の評価障害事実にはならず，解除権の発生を妨げることはないでしょう。甲としては，Yとの間で和解をせずに本件物件の明渡しを優先させるのであれば，今後，弁論を終結したうえで判決を求めることになります。

　ただし，未払賃料が全てなくなったからには，裁判所が本件賃貸借契約の存続を前提とした裁判上の和解を強く勧めてくることが予想されます。仮に判決になったときに信頼関係が破壊されたとの評価をするのか，その判断権者はあくまでも裁判所であり，棄却のリスクも否定できません。依頼者たるXが契約の存続を許すのであれば，Xの意向を踏まえて和解に応じることも十分にありうるところです。

4　解除権の行使は権利濫用か

　先ほどは信頼関係破壊の評価障害事実に該当するかという視点で説明しましたが，解除権の行使が権利濫用かという視点でも検討できるでしょう。催告期間内ならまだしも，本件のように催告期間経過後に弁済してきた場合には，解除権の行使は権利濫用とはいえず，結論に変わりはありません。

5　準備書面解除で対抗するか

　訴訟が続行している間に未払いが新たに生じることもあるでしょう。Yが残りの4か月分の未払賃料を支払った以降にさらに賃料を滞納し，それが信頼関係を破壊する程度といえるのであれば，甲としては，準備書面を提出して本件賃貸借契約を解除する旨の意思表示をすることも考えられます。

6 請求の減縮をするか

　Xは本件物件の建物明渡請求のほかに未払賃料請求をしています。甲として
は，訴訟提起後の弁済に応じて，その都度，請求の減縮（訴えの変更）を申し
立てることとなります。

賃料保証会社による代位弁済があれば未払いはないのか

事案の概要

(1) 賃貸人Xと賃借人Yは，マンションの1室につき，賃貸借契約を締結した（以下「本件賃貸借契約」という）。

　　この際，Yは賃料保証会社であるZ社に対し，本件賃貸借契約に基づく賃料債務等の履行について保証を委託した（以下「本件保証委託契約」という）。Z社は，Yの委託を受けて，本件賃貸借契約の連帯保証人となることに合意した（以下「本件保証契約」という）。

　　また，Yの知人であるWは，本件保証契約につき，Z社が本件保証契約に基づき負担する求償債務等一切の債務について，書面をもって連帯保証した。

(2) ところが，しばらくしてYが賃料の支払いを怠るようになり，Z社は，Xに対し，約1年間に渡り，毎月の賃料に相当する金額を代位弁済した。

　　XとZ社は，賃料滞納が常態化していることを危惧し，毎月きちんとYに対して賃料を支払うよう求めたところ，Yは，「Zが賃料を支払えばよい。自分は支払わない」と述べて，自ら賃料を支払おうとしなかった。

　　Xは賃料不払いを理由として建物明渡請求を行うこととし，弁護士甲へ依頼し，甲はYに対する建物明渡請求訴訟を提起した。

　　Yは，「Z社が賃料の代位弁済をしているので，賃料の未払いはない」との答弁書を提出した。

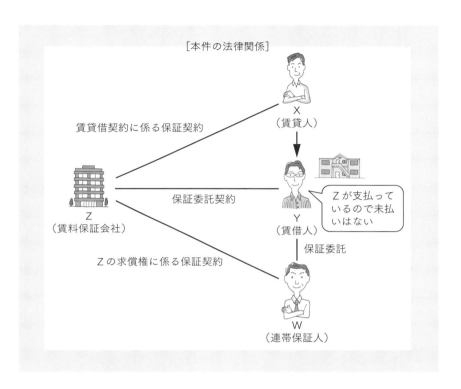

[本件の法律関係]

1　問題の所在

　本件ではＺ社が未払賃料をすべて代位弁済しています。保証委託契約に基づく賃料保証会社による代位弁済がなされたときに，代位弁済があった事実は，ＸＹ間の信頼関係破壊の評価において考慮されるのでしょうか。

2　賃料保証会社による代位弁済

　賃料保証会社は賃借人との間で保証委託契約に基づき，賃借人が賃料を支払わなかったときに賃料に相当する金額を賃貸人に対して支払います。

　賃料保証会社による賃料の代位弁済の法的性質は，委託に基づく第三者弁済，または保証債務の履行であると解されますので，賃料保証会社による代位弁済

であっても，賃貸人との関係においては賃借人の未払賃料債務を消滅させる効果があります。そうすると，通説的な理解としては，賃借人自身が賃料を支払っていなかったとしても賃借人には賃料の支払いを怠るという債務不履行はないこととなり，賃貸人は賃料不払いを理由として賃貸借契約を解除することができないという結論になるものと思われます。

3　裁判例（大阪高判平成25・11・22）について

ところが，賃料保証会社による代位弁済がなされたとしても，賃貸借契約の終了を認めた裁判例があります（大阪高判平成25・11・22判時2234号40頁）。この裁判例は「本件保証委託契約のような賃貸借保証委託契約は，保証会社が賃借人の賃貸人に対する賃料支払債務を保証し，賃借人が賃料の支払を怠った場合に，保証会社が保証限度額内で賃貸人にこれを支払うこととするものであり，これにより，賃貸人にとっては安定確実な賃料収受を可能とし，賃借人にとっても容易に賃借が可能になるという利益をもたらすものであると考えられる。しかし，賃貸借保証委託契約に基づく保証会社の支払は代位弁済であって，賃借人による賃料の支払ではないから，賃貸借契約の債務不履行の有無を判断するに当たり，保証会社による代位弁済の事実を考慮することは相当でない。なぜなら，保証会社の保証はあくまでも保証委託契約に基づく保証の履行であって，これにより，賃借人の賃料の不払いという事実に消長を来すものではなく，ひいてはこれによる賃貸借契約の解除原因事実の発生という事態を妨げるものではないことは明らかである」と判示しました。

4　裁判例の妥当性について

この裁判例を前提とすると，保証委託契約に基づく賃料保証会社による代位弁済がなされた場合，代位弁済があった事実はXY間の信頼関係破壊の評価に影響しないとも考えられそうです。甲としては，是非とも援用したい裁判例ではないでしょうか。

上記裁判例を援用する形で賃貸借契約の解除を認める下級審の判断がありま

す（東京地判平成27・2・23（判例秘書判例番号Ｌ07030373），東京地判令元・10・10（判例秘書判例番号Ｌ07431249），東京地判令2・11・26（判例秘書判例番号Ｌ07532283）等）。その一方で，賃貸借契約の解除を認めない事案も見受けられるところであり，下級審の判断は割れている状況といえます。賃料保証会社による代位弁済がなされた事案についてさらなる判断が待たれます。

　甲としては，上記裁判例を援用すれば請求が認容されるとは限らないことに注意する必要があります。裁判所の心証や事実関係を見つつ，事案によっては和解の余地を探っていかざるを得ないこともあるでしょう。

▎5　個別の事情を考慮するべきこと

　上記裁判例の法理を普遍化していくと，およそ代位弁済がなされた場合には信頼関係が破壊されうるものと解釈できるとも考えられるところです。とはいえ，たとえば，賃借人本人あるいは賃借人の親族がすぐに求償に応じた，といったケースであっても賃貸人が賃貸借契約を解除できるというのは行き過ぎでしょう。保証委託契約に基づく賃料保証会社による代位弁済がなされた事案であっても，なお個別の事情を考慮するべきものといえます。

▎6　連帯保証人による説得

　本件では，ＷがＺ社の求償権に係る保証契約を締結していますので，Ｚ社は代位弁済した分を保証人Ｗに対して求償することができます。主債務者と連帯保証人との間には親戚関係，友人関係などの人的関係があることが通常ですので，Ｙとしては「これ以上Ｗには迷惑を掛けたくない」と思うかもしれません。甲としては，Ｗとの連絡が付くようであれば，Ｗを通じてＹを説得するというアプローチもあるでしょう（ 事例1-12 参照）。

実は第三者が弁済していた

事案の概要

(1)　賃貸人Xと賃借人Yは，マンションの1室につき，賃貸借契約を締結した（以下「本件物件」という）。ところが，しばらくしてYは賃料の支払いを怠り，合計4か月分の賃料を滞納するに至った。そこで，Xは賃料不払いを理由として建物明渡請求を行うこととして弁護士甲へ依頼し，甲はYに対する建物明渡請求訴訟を提起した。

(2)　するとYは，第一回口頭弁論期日前に「支払期日どおりに本件未払賃料をZ名義でXの口座へ振り込んで支払っている。Xはこれを弁済として受領している。賃料の未払いはない」との答弁書を提出した。

(3)　甲はZ名義での入金状況をXに確認したところ，Z名義でXの口座に賃料相当額が振り込まれていたことが判明した（以下「本件入金」という）。しかし，Xとしては，本件入金については何の連絡もなかったのでZが何のための入金したのか分からず，本件入金については，不明金として経理処理していたとのことであった。

[本件の法律関係]

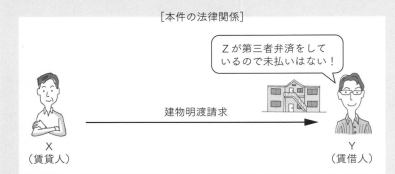

Zが第三者弁済をしているので未払いはない！

建物明渡請求

X
（賃貸人）

Y
（賃借人）

1　問題の所在

　Yは，Zが第三者弁済をしているとしてY自身の不履行の事実を否認しています。債務の弁済は必ずしも債務者自身によらなければならないわけではなく，第三者弁済の要件を満たせば債務は弁済により消滅します。Yの「Z名義で賃料が支払われている」との主張は第三者による弁済の抗弁として位置付けることとなります。Xから聴取した内容を踏まえると，XはZ名義の入金を第三者弁済として認識していませんでした。このようなケースで，甲としては，どのような主張立証をすることが考えられるでしょうか。

2　第三者弁済の要件は何か

　債務者は，当該債務の消滅を主張するに際して，
　①　債務の本旨に従った給付がなされたこと
　②　当該給付がその債務についてなされたこと（給付と債務の関連性）
につき，主張立証責任を負います。
　債務者以外の第三者による債務の弁済については，第三者が，他人（債務者）の債務を弁済するものであることを認識し，かつ，受領を要するときはそれを表示して，給付行為をすることが必要です。そうでなければ，誰のどの債務の弁済としてなされたものか，給付と債務の関連性が明らかでないからです（磯村哲編『注釈民法（12）』（有斐閣，1970）60頁）。

3　給付と債務の関連性があるか

　甲としては，たとえば，XとYとのやり取りに関する管理記録，Xの陳述書（Xには本件入金について心当たりがなく本件入金を不明金として経理処理していたこと，Xが本件入金を確認後に振込元の金融機関等を通じてZに対して入金の趣旨を照会したことといった事情を纏めたもの）などを証拠として提出し，給付と債務の関連性を争って対応していくことが考えられるでしょう。

4 和解の余地

　もっとも，本件では，第三者弁済の要件を満たすかどうかはさておき，Zからの入金分をXが受領していたことには争いはありません。裁判所としては，Xに対して取り下げを強く促すことが予想されます。甲としては，訴訟の進行についてXに丁寧に説明する必要があるでしょう。

Case Study
事例
6-7

更新に合意できなかった

事案の概要

(1)　賃貸人Ｘと賃借人Ｙは，マンションの１室につき，賃貸借契約を締結した（以下「本件契約」という）。本件契約では，契約期間を２年間とし，賃料１か月分の更新料を支払う代わりに本件契約を更新することができるとの約定が設けられていた。

(2)　やがて契約期間の満了が近づいたので，ＸはＹに対して更新の希望の有無を書面で問い合わせた。しかし，Ｙは書面を返送することなく，そのまま契約期間が満了した。そのうえ，賃料を３か月分も滞納するに至った。

(3)　Ｘは本件契約が合意更新しなかったので，いつでも解約できるだろうと考えて，Ｙに対して「６か月後に本件契約を解除する」との解約通知を送った。しかし，Ｙの代理人から「解約の正当理由がない」との回答が届いた。Ｘは対応に苦慮して弁護士甲に法律相談することとした。

[本件の法律関係]

1　問題の所在

Ｙが更新の意思表示をしなかったため，本件契約は「合意更新」ではなく

「法定更新」しました。法定更新の場合，借地借家法26条により期限の定めのない賃貸借契約として存続します。そこで，Xは法定更新後，約定に従って予告期間を設けたうえで借主から解約の申し出をしています。XがYに対して建物明渡請求をするに際して，Yによる解約の申し出を請求原因とすることが妥当なのでしょうか。

2 貸主からの解約申し出と「正当事由」

法定更新では，従前の契約が，期間の定めだけはないものとして更新されますが，それ以外の定めはすべて同一条件で更新されます（借地借家法26条1項本文）。貸主からの解約申入れは，法定更新後においても，「正当事由」を具備した6か月前の予告を必要とするのであり（借地借家法27条，同28条），期限の定めのない契約になったからといって，正当事由なしに解約ができるようになるものではありません。

Xに「正当事由」がないということであれば，Xによる解約の申し出は無効という結論になってもやむを得ないところです。

3 信頼関係破壊を理由とする解除

本件では，解約の正当事由はなくとも，賃料を3か月分滞納しているという事情があります。甲としては，甲が介入する前の事情に引っ張られるのではなく，改めて賃料不払いを理由とする本件契約の解除の意思表示を行い，法律構成を変更する形で建物明渡しを目指していくという事件処理が適切です。

Case Study
事例
6-8

更新料を支払いたくないと言ってきた

事案の概要

(1)　賃貸人Xと賃借人Yは，マンションの1室につき，賃貸借契約を締結した（以下「本件契約」という）。本件契約では，契約期間を2年間とし，賃料1か月分の更新料を支払う代わりに本件契約を更新することができるとの約定が設けられていた（以下「本件更新料支払特約」という。）。

(2)　やがて契約期間の満了が近づいたので，XがYに対して更新の希望の有無を書面で問い合わせたところ，Yは更新を希望するとの欄に丸をつけて書面を返送した。しかし，契約期間が満了しても，Yは一向に更新料を支払おうとしなかった。

(3)　その後，さらに2回目の更新のタイミングを迎えたため，XはYに対して「1回目の更新料と2回目の更新料を支払わなければ，本件契約を終了させるので退去してほしい」と通知した。それでもYは更新料を一切支払うことなく，2回目の契約期間が満了した。

(4)　契約期間を通してYには賃料の未払いはなかったものの，Xとしては納得ができず，本件契約を終了させたいとの強い希望を持つようになった。そこで，Xは弁護士甲に対して2回分の更新料不払いを理由として建物明渡請求を依頼した。

(5)　甲はYに対する催告をせず，訴状をもって，本件契約を解除する旨の意思表示をして建物明渡請求訴訟を提起した。すると，Yは「本件契約は2回とも法定更新した。更新料の不払いは解除事由にならない」との答弁書を提出した。

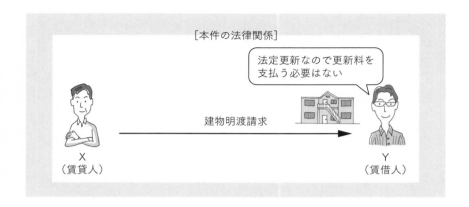

[本件の法律関係]

法定更新なので更新料を
支払う必要はない

建物明渡請求

X
（賃貸人）

Y
（賃借人）

1 問題の所在

（1）XにもYにも1回目の契約期間が満了しても本件契約を存続させる意思があり、本件契約は更新されました。しかし、Yは更新料を支払うことなく、2回目の契約期間満了を迎えています。未払賃料がありませんが、更新料の不払いを理由とする契約解除が有効なのでしょうか。

（2）賃貸借契約のような継続的な法律関係を途中で解約する場合、まずは催告をして履行のチャンスを与えるというのが通常の対応方法といえます。ところが、本件では、甲は訴訟提起に先立って内容証明郵便等で催告せずに、いきなり訴状の送達をもって無催告で本件契約を解除しています。催告をせずに契約解除をするという方法を取るべき場面がありうるのでしょうか。

2 更新料の支払義務の根拠は何なのか

賃貸借の法定更新に際し、賃貸人の請求があっても賃借人が当然に更新料を支払うべき義務が生ずる旨の商慣習等は存在しないものとされています（最判昭51・10・1判タ835号63頁）。

もっとも、更新に際して当事者間の合意に基づいて更新料を支払うことは認められています。

本件では本件更新料支払特約で更新料が発生することを定めていますので、

Xは本件更新料支払特約に基づいて更新料の支払請求権を有するものです。「法定更新なので更新料を支払わなくて済むはずだ」というYの主張には理由がありません。

3　更新料不払いが解除事由になるのか

Xが本件特約に基づいて更新料の支払請求権を有するとしても，それが解除事由になるのでしょうか。

更新料の法的性質が何なのかについては諸説ありますが，更新料の支払いと賃貸借契約の継続との間に密接不可分な関係があることはいうまでもないことです。その不払いが賃料不払いと同様に，賃貸人との信頼関係を破壊する背信行為となり，それ自体解除事由となりうるのは常識的な結論といえます。

判例でも，更新料の不払いは，不払の態様，経緯その他の事情からみて，賃貸借契約の当事者間の信頼関係を著しく破壊すると認められる場合には，更新後の賃貸借契約の解除原因となりうるものとしています（最判昭59・4・20民集38巻6号610頁）。

上記判例を踏まえると，甲としては，更新料不払いという事実だけではなく，当事者間の協議状況から今後不払いが任意に解消される見込みがあるかといった事情についても大きな要素となります。

4　催告は必ず必要か

本件では，甲は訴訟提起に先立って内容証明郵便等で催告せずに，いきなり訴状の送達をもって無催告で本件契約を解除しています。

判例は，賃借人がその義務に違反し賃貸借の継続を著しく困難ならしめる不信行為がある場合には，無催告で解除することができるとしています（最判昭44・4・24民集23巻4号855頁）。つまり，催告が必ずしも必要とは限らないのです。

具体的な事案で見ると，2回の更新による更新料支払義務を負っているにもかかわらず，賃借人が2回の更新料の支払いを怠ったという事案で，更新

料不払は賃貸借契約当事者の信頼関係を失わせるに足りる背信行為であり，賃貸借契約の無催告解除の原因となると判示した裁判例があります（東京地判平29・9・28LLI/DB判例番号L07230541）。

事案ごとに事情が異なるため一概に断言ができませんが，上記判例や裁判例からすると，本件での甲による無催告解除が有効と判断される見込みはあるものといえます。

5　それでも慎重に考えて催告するべきか

本件では，甲による無催告解除が有効と判断されるとは限らず，裁判所が，無催告が故に解除が無効だと判断する可能性もまた否定できないでしょう。甲としては慎重を期して，あえて催告をすることも十分にあり得るところです。

他方で，仮に本件で催告をした場合には，Yが2回分の更新料を支払ってくることもあるでしょうし，そのときには，解除事由が消滅する可能性があります。

このような状況を総合的に勘案したうえで，Yによる不払いの解消によって解除事由が消滅することを回避するために，あえて催告をしないという選択肢もありうるところです。ただし，駆け引きの要素はあることは否めないので，甲としては，Xに事前にリスクを説明して方針決定することが大切でしょう。

第 **7** 章

解除の意思表示

催告では何を伝えるべきか

事案の概要

(1) 賃貸人Xと賃借人Yは，マンションの1室（以下「本件物件」という）の賃貸借契約を締結した（以下「本件賃貸借契約」という）。毎月の賃料の振込み口座には管理会社Aの口座が指定された。

(2) ところが，しばらくしてYが賃料の支払いを怠るようになり，Xは賃料不払いを理由として建物明渡請求を行うこととした。

(3) XはYに対して「直ちに賃料を4か月分支払ってください。すぐに支払わなければ本件賃貸借契約を解除しますので，すぐに本件物件から退去してください」との書面（以下「本件通知書」という）を特定記録郵便で送り，程なくしてYは書面を受け取った。

(4) しかし，Yからの連絡はやはりなく，未払賃料を支払うこともなく，さらに，本件物件にYが未だ居住し続けている様子が窺えた。Xは対応に苦慮し，弁護士甲に対して建物明渡請求を依頼した。

[本件の法律関係]

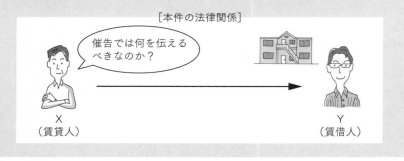

催告では何を伝えるべきなのか？

X
（賃貸人）

Y
（賃借人）

1　問題の所在

本件通知書は催告として有効なのでしょうか。そもそも「催告した」というためには，どのような内容を賃借人に伝える必要があるのでしょうか。

2　なぜ催告は必要か

　賃貸人が単純な賃料不払いを理由として賃貸借契約を解除する場合，催告を不要とするほどの例外的な事情があるときを除いて，契約終了の意思表示だけでは足りず，催告期間内の不履行を条件としなければなりません。本件では，例外的な事情は見当たりませんので，まずは催告する必要があります。

3　意思表示は到達しているか

　賃借人に催告が到達していなければその効力が生じえないところ（民法97条1項），本件では，Xが本件通知書を配達記録付内容証明郵便で送付してYがこれを受け取っています。意思表示の到達についてはひとまず問題なさそうです。

4　催告に必要な内容は何か

(1)　最低限記載するべき内容

　催告の記載事項が法定されているものではありませんが，民法541条の解釈に従えば少なくとも以下の事項を記載すべきです（谷口知平/五十嵐清編『新版注釈民法(13)』（有斐閣，2006）670頁以下）。

①　債務の指示
②　履行方法の指定
③　相当の期間の指定

(2)　債務の指示に具体的な金額は必要か

　まずは，①債務の指示についてですが，履行を請求する債務の同一性が債務者に分かる程度に表示されている必要があります。

　本件通知書では「賃料4か月分」との記載があっても，支払うべき具体的な金額が明示されていません。とはいえ，本件通知書は本件賃貸借契約について言及しているものであり，賃借人であるYとしては月額を認識していて然る

べきところ，「賃料4か月分」との記載があれば合計でいくら支払うべきなのか認識できるはずです。そうすると，本件通知書は債務の指示をしているものといえます。

　なお，解除通知に支払うべき具体的な金額を明示する方が望ましいことは言うに及ばないことです。

(3)　履行方法の指定に口座の指定は必要か

　では，本件通知書は，②履行方法の指定をしているといえるのでしょうか。

　本件通知書には，滞納した4か月分の賃料につき，どこそこの口座に振り込めといった記載はありません。

　しかし，本件賃貸借契約の内容として，管理会社Aの口座へ毎月の賃料を支払うべきものとされていますので，これまでどおりAの口座へ振り込めば足りるはずです。そうすると，Yは債務の履行先を認識しているものといえ，本件通知書が履行方法の指定をしていなくとも催告の有効性に影響を及ぼさないでしょう。

　なお，本件と異なり，代理人弁護士から解除通知を発送する場合に，滞納賃料の支払先として代理人弁護士の口座を指定することがあります。このような方法であれば，弁護士がしっかり通帳管理をしていれば催告期間内に入金があった場合に不必要にその後の手続きを進めることもないという利点があります。もっとも，代理人の口座を指定した場合であっても，賃借人Yが管理会社Aの口座に振り込んで支払った場合にもYの弁済は完了していますので，催告期間満了後に管理会社Aの口座についても入金の有無を確認する必要があることには変わりはありません。事案にもよりますが，統一的な入金管理という視点からはAの口座を指定しておくのが無難でしょう。

(4)　遅延損害金を請求するか

　未払いのあった賃料はその履行期の翌日から遅延損害金が発生します。催告の際には，遅延損害金も合わせて請求することが丁寧です。賃借人が一部弁済

【履行方法の指定】

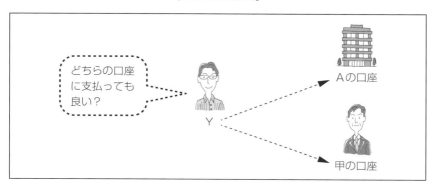

してきたときに，従たる債務に優先的に充当されるため，本旨履行とならず，解除の効果が妨げられないものといえます。一部弁済を巡るぎりぎりの攻防の際には有用でしょう（ 事例6-4 参照）。

(5)　相当な期間の指定とは何日間か

　本件通知書には，「直ちに支払え」との記載がありますが，これは③相当な期間の指定をしているものといえるのでしょうか。

　期間が不相当または期間の指定なき催告の効力も有効であり，催告後相当期間の経過によって解除権が発生しますので，たとえ相当な期間を指定していなくとも本件通知の効力が無効であるとまではいえません。

　もっとも，賃借人Yより，相当な期間を定めていないとの反論がなされる余地を残すのは後々の訴訟追行の妨げになる可能性があり，相当な期間を指定するのが望ましいのはもちろんのことです。

　Yの本件賃貸借契約に基づく賃料支払債務は単純な金銭債務であり，金融機関へのアクセスさえできればすぐにでも履行可能な内容です。そのため，相当な期間の指定としては，少なくとも通知到達の日の翌日から5日間ないし7日間程度の期間を設けることで足ります。

(6) 催告期間の満了日はいつか

　ところで，催告期間の満了日が土日祝日だった場合にはいつが満了日となるのでしょうか。催告期間の満了日の経過をもって契約終了となる場合，賃借人が退去しない限り，催告期間の満了日の翌日から使用損害金が発生することとなりますので使用損害金を請求するときには重要な事項です（ 事例1-11 参照）。

　期間の計算については，到達の初日を算入せず，催告期間の末日が日曜日や祝日の場合には月曜日（ただし，祝日ではない）が満了日となり，土曜日が催告期間の末日の場合には月曜日が満了日ということになります。なお，年末年始などの金融機関の休業期間に催告期間の末日が差し掛かる場合についても同様に考える必要があります。

【催告期間の満了日】

	金曜日	土曜日	日曜日	月曜日
① 催告期間の末日 　＝催告期間の満了日				
②		催告期間の末日		催告期間の満了日
③			催告期間の末日	催告期間の満了日

＊祝日や年末年始については土曜日・日曜日と同様と考える。

194

Case Study
事例
7-2

過大な催告でも有効か

事案の概要

(1) 管理会社であるA社は，マンションの1室（以下「本件物件」という）の所有者であるXとの間で，本件物件の賃貸借契約の締結，賃料の収受といった本件物件の管理業務全般につき，管理業務委託契約を締結した（以下「本件委託契約」という）。

(2) その後，賃貸人Xと賃借人Yは本件物件の賃貸借契約を締結し，毎月の賃料をAの口座へ支払うこととされた（以下「本件賃貸借契約」という）。

(3) ところが，しばらくしてYが賃料の支払いを怠るようになった。AはYに対してその都度，未払賃料を直ちに支払うよう催告する書面を本件物件の郵便受けに入れたが，Yからの連絡はなく一切の支払いはなかった。

　AがYの入金履歴を確認したところ，合計4か月分の賃料を滞納していた。AがXに対してYの賃料の支払い状況を伝えたところ，Xは「全て任せるので管理会社の方で何とかしてほしい」との要請があった。

　そこで，Aは賃料不払いを理由として建物明渡請求を行うこととし，Yに対して「本件物件の管理会社としてお伝えします。直ちに賃料を4か月分支払ってください。支払わなければ本件賃貸借契約を解除しますので，すぐに本件物件から退去してください」とのA名義の書面を配達記録証明付内容証明郵便で送り，程なくしてYは書面を受け取った（以下「本件通知書」という）。

　しかし，Yからの連絡はやはりなく未払賃料を支払うこともなく，さらに，本件物件にYが未だ居住し続けている様子が窺えた。Aは対応に苦慮し，Xと協議のうえ，弁護士甲に対して建物明渡請求を依頼した。

(4) 甲はXから受け取った賃貸借契約書などの資料の中に本件通知書が含

まれていることに気が付いた。甲は本件通知書による催告が有効なのか検討するため，Aに対してYからの入金状況を尋ねた。Aからは「Yからの入金はありません。ところで，本件通知書には，未払賃料が４か月分と書かれていますが，これは誤りであり，正しくは３か月分です」との回答があった。

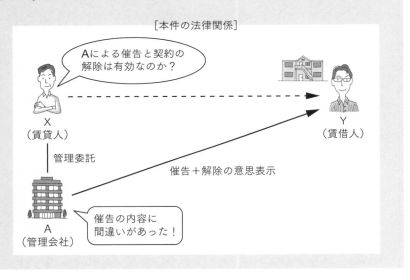

[本件の法律関係]

Aによる催告と契約の解除は有効なのか？

X（賃貸人）

Y（賃借人）

管理委託

催告＋解除の意思表示

A（管理会社）

催告の内容に間違いがあった！

1 問題の所在

(1) 本件賃貸借契約の当事者はXとYであり，管理会社AはYとの間に契約関係がありません。Aが行った解除の意思表示をXによる意思表示と捉えることができるのでしょうか。

(2) 本件通知書には，未払賃料の金額が過大であり，誤記載があります。このような通知は有効なのでしょうか。

2 過大な催告は有効か

Aによると，本件通知書では未払賃料４か月分を請求していますが実際には

3か月分だったとのことであり，過大な催告をしていることが判明しました。

過大な催告の有効性については，催告で示された数量の客観的な過大の程度に応じて判断することとなります。3か月分か4か月分かの違いでは過大の程度が著しいとまではいえず，本件通知書は，債務者たるYが本来給付すべき数量である3か月分の未払賃料の催告の範囲で有効であるといえます。

▌3　過小な催告は有効か

(1)　解除権の発生に影響が生じるか

では，本件とは異なり，もし本件通知書では未払賃料4か月分を請求していますが実際には5か月分だった場合，過小な催告ということになります。このような場合，通知書に記載のとおり4か月分の範囲で催告は有効なものと扱うことになるでしょう。

催告は解除権を発生させるために行われるものですので，解除権に影響が生じるのかどうか，慎重に検討する必要があります。もし信頼関係破壊の評価根拠事実として4か月分の未払いで十分ということであれば，再度催告をやり直す必要はないでしょう。

なお，上記の見解と異なり，たとえ過小な催告であっても本来給付すべき金額のとおりの催告として有効であると考える余地もあるでしょう。もし過小な範囲で催告が有効であると考えたならば解除権が有効に発生したのかギリギリで悩ましいような事案では，そのような考え方に立ちたくなるものです。しかし，訴訟の段階で，債務の指示が適切であったのかどうかについてYが争ってきたときには裁判の審理が長期化するリスクがあります。催告のやり直しに要する時間と訴訟審理に要する時間を比べたときには，より安全な方法を取る方が望ましいのではないでしょうか。

(2)　未払賃料の支払請求に影響が生じるか

解除権が有効に発生したかの問題はともかくとして，未払賃料の支払請求に影響が生じることはありません。たとえ過小な催告であったとしても，催告していなかった部分を免除したわけではなく，Yが5か月分を未払いであること

には変わりはありません。本訴では催告していなかった部分を含めて未払分の全額を請求すれば良いでしょう。また，遅延損害金の請求にも影響はありません。

4　催告の名義は誰か

催告の意思表示については，債権者たるＸによってなされるべきところ，本件通知書の名義は債権者たるＸではなくＡです。本件通知書はＸによる意思表示であるといえるのでしょうか。

本件では，Ａは本件委託契約により本件物件の管理業務全般について委任または準委任を受けていますので，本件通知書がＡの名義であることによって催告の効力に消長を来さないものといえます。ただし，甲としてはＡによる通知が催告の条件を満たすのか検討し，疑義があるときには自ら催告をやり直す方が無難といえます。

5　本件通知書の有効性

結論としては，本件通知書は有効な催告ですので，本件通知書がＹに到達してから相当期間内に未払賃料の支払いがなければ本件賃貸借契約の解除権が有効に発生しているものと扱って差し支えありません。

ただし，訴訟の段階において，賃借人Ｙが，Ｘの解除権の効力を争ってくる可能性もあります。甲としては，あえて解除通知を再送する，あるいは訴状において再度解除の意思表示をしておくのが安全です。

Case Study
事例
7-3

内容証明郵便が不在返戻された

事案の概要

(1) 賃貸人Xと賃借人Yは，マンションの1室（以下「本件物件」という）の賃貸借契約を締結した（以下「本件賃貸借契約」という）。

　ところが，しばらくしてYが賃料の支払いを怠るようになり，Xは対応に苦慮し，弁護士甲に対して建物明渡請求を依頼した。

(2) 依頼を受けた甲は，Yに対し，相当な催告期間を定めて未払賃料の支払いを催告するとともに，催告期間内にその履行がなければ本件賃貸借契約を解除する旨を記載した通知書を配達記録証明付内容証明郵便で発送した（以下「本件通知書」という）。

　郵便局員は本件通知書を本件物件へ配達したが，Yが不在であったため不在配達通知書を差し置いて，郵便局において本件通知書を保管した。

　しかし，Yが郵便局へ本件通知書を受け取りに来ることはなく，やがて保管期間が経過したため本件通知書は甲へ返戻された。

[本件の法律関係]

1　問題の所在

(1) Yの不在により本件通知書が返戻されていますが，一度はY方に配達されています。保管期間が経過した時点をもって，催告の相当期間の始期と

することができるのでしょうか。

(2)　内容証明郵便の到達は受取人の都合に左右される面があります。内容証明郵便がYに到達しない場合であっても，催告期間をスタートさせて解除権を有効に発生させる方法はないのでしょうか。

▍2　不在返戻でも催告期間がスタートするか

　内容証明郵便を発送しても受取人が不在のため配達されず，不在配達通知書が差し置かれたことで，受取人が，内容証明郵便が送付されたことを認識したものの，受取人が受領に赴かないまま保管期間が経過し，最終的に内容証明郵便が発送者に返送されるということは，間々あることです。

　このような内容証明郵便の不在返戻のときに，どの時点で内容証明郵便が相手方に到達したものと考えるかについては，最初の不在配達通知書が差し置かれた時点とする，保管期間経過の時点とするなどといった諸説があります（川島武宜／平井宜雄編『新版注釈民法(3)』（有斐閣，2003）538頁以下）。保管期間経過の時点とする判例（最判平10・6・11民集52巻4号1034頁）はあるものの，この最高裁判例では，従前の交渉経緯から，差出人が弁護士となっている内容証明郵便の内容を受取人が十分推知可能だったという事情を考慮して到達が認められたものと考えられます。そのため，「内容証明郵便を発送すれば保管期間経過の時点で内容証明郵便が相手方に到達したといえる」との経験則は働かないでしょう。むしろ，不在票に記載された差出人の名が全く知らない人の場合，受領者は郵便物の内容を推知できないので，通知が到達したことにはならないものと考えられます。

　本件でも，差出人「甲弁護士」では，Yは必ずしも郵便物の内容を推知できず，到達したといえない可能性があります。Yの不在により本件通知書が配達されなかったことから，保管期間の終期の翌日をもって相当期間を定めた催告の始期とすることができないことを前提に事件処理するべきものです。「通知が到達したのか」が争点に浮上した場合，裁判の審理が長引くリスクがあります。甲としては，訴状で解除の意思表示をするなど，別の方法を検討する方が

無難といえます。

Case Study
事例
7-4

内容証明郵便を受け取りそうにない

事案の概要

(1) 賃貸人Xと賃借人Yは，マンションの1室（以下「本件物件」という）の賃貸借契約を締結した（以下「本件賃貸借契約」という）。

　　ところが，しばらくしてYが賃料の支払いを怠るようになり，Xは対応に苦慮し，弁護士甲に対して建物明渡請求を依頼した。

(2) Yは，Xから甲が受任したことを聞いて，甲に電話してきた。Yは「これは俺とXさんとの間の問題。弁護士が関わってくることを認めない。内容証明を送ってきても絶対に受け取らないから，そのつもりでいろよ」などと一方的にまくし立てて切った。

[本件の法律関係]

1　問題の所在

　Yは内容証明郵便の受け取りを拒絶するなどと言ってきました。相手方が受け取るかどうかという事情に左右されずに通知を相手方に到達させる方法はないのでしょうか。

2　内容証明郵便と特定記録郵便による解除の意思表示

　Yが不在である場合はもちろんのことながらYが意図的に受領拒絶すること

もあるため，通知を確実に到達させることが重要です。甲としては内容証明郵便を受け取るようYを説得する方法が考えられますが，Yが説得に応じて受け取るとは限らず，現実的ではありません。依頼者たるXの利益を考えると，Yが本件通知書を受け取るのを待つことで，本件物件の明渡しがその分遅れることとなり，賃貸人たるXは新たな賃借人に本件物件を貸し渡す機会を失うこととなります。

　甲がYによる受領拒絶に対抗するために以下の2つの方法が考えられます。

①　内容証明郵便と特定記録郵便での解除の意思表示

②　訴状での解除の意思表示

3　特定記録郵便の有用性

　そもそも，本件賃貸借契約の解除の意思表示は発信主義ではなく到達主義ですので（民法97条1項），賃借人に意思表示が到達していることを立証しなければなりません。意思表示の到達については，相手方の支配領域に入れば足りるものとされているところ，特定記録郵便の発送により相手方の支配領域に解除通知が入った事実を証拠化することが可能となります。特定記録郵便を送付することで，催告の相当期間の始期を特定する余地が生まれるのです。

4　内容証明郵便による補強

　ただし，特定記録郵便は内容証明郵便とは異なり，郵送した書面の内容が記録に残らないという弱点があります。この弱点を補う方法としては，特定記録郵便と同内容の内容証明郵便を送付することで，特定記録郵便の内容が何であったかにつき，内容証明郵便によって裏付けすることが考えられます。具体的には，「本状と同一の書面を内容証明郵便と特定記録郵便で送付しています。」との一文を通知書内に記載しておくと良いでしょう。このように，特定記録郵便とともに内容証明郵便を発送することにより，「特定記録郵便は届いたが，中身は空っぽだった」などといった賃借人からの反論を阻止することができるものであり，しかも，特定記録郵便に内容証明郵便と同様の効果を期待

することができます。

　したがって，甲としては，特定記録郵便とともに内容証明郵便で解除の意思表示をすることが望ましいものです。

5　訴状による解除の意思表示

　Yに内容証明郵便が到達せず，かつ，特定記録郵便が「宛所なし」などで返戻されたときには，最終的な方法として，訴訟提起前には解除の意思表示をせずに訴訟を提起し，訴状で解除の意思表示をする方法があります。この方法はYが所在不明のときにも有用です。

　ただし，訴状到達後，相当期間が経過する前に，Yが訴訟が係属していることを察知して未払賃料を支払うといった対抗策を取る可能性があります。

【配達記録証明付内容証明郵便と特定記録郵便との違い】

	内容の証拠化	到達の記録	受取人による受取の要否
配達記録証明付内容証明郵便	○	○	○
特定記録郵便	×	○	×

Case Study
事例
7-5

封筒の中身は空っぽだった!?

事案の概要

(1)　賃貸人Xと賃借人Yは，マンションの 1 室（以下「本件物件」という）の賃貸借契約を締結した（以下「本件賃貸借契約」という）。

　　ところが，しばらくしてYが賃料の支払いを怠るようになり，やがて，Yは合計 4 か月分の賃料を滞納するに至った。

(2)　Xは賃料不払いを理由として建物明渡請求を行うこととし，Yに対して「未払賃料 4 か月分合計28万円を本書面到達の翌日から 1 週間以内に支払え。支払わなければ，本件賃貸借契約を解除するので，本件物件から退去せよ」との書面を特定記録郵便で送り，程なくして郵便局員は，本件物件の郵便受けに書面を入れた（以下「本件通知書」という）。しかし，Yからの連絡はやはりなく，未払賃料を支払うこともなく，未だに本件物件に居住し続けている様子が窺えた。Xは対応に苦慮し，弁護士甲に対し建物明渡請求を依頼した。

(3)　Yは，Xから甲が受任したことを聞いて，甲に電話してきた。Yは「これは俺とXさんとの間の問題。弁護士が関わってくることを認めない。内容証明を送ってきても絶対に受け取らないから，そのつもりでいろよ」などと一方的にまくし立てて切った。

(4)　甲は，Xから受け取った賃貸借契約書などの資料の中に本件通知書が含まれていることに気が付いたので，本件通知書により解除の意思表示が到達しているものと判断し，Yに対する本件物件の建物明渡請求訴訟を提起した。

　　その後，Yは「封筒の中には何も入っていなかった」との答弁書を提出し，争う姿勢を示した。裁判所は「代理人においては主張立証の補充を検討してください」と述べて次回期日を指定した。

[本件の法律関係]

内容証明郵便が
Yに届かない！

封筒の中身は
空っぽでした！

X
（賃貸人）

Y
（賃借人）

1　問題の所在

　内容証明郵便を送らずに特定記録郵便だけを送ったときに，賃貸借契約の解除権が有効に発生していることを立証できるのでしょうか。

2　到達の事実の立証責任

　解除の意思表示は，発信主義ではなく到達主義ですので（民法97条１項），賃借人に解除の意思表示が到達していなければそもそも本件賃貸借契約の解除権が発生しないこととなります。到達の事実の立証責任は解除権の発生を主張する賃貸人にあります。

3　特定記録郵便による証拠化

　特定記録郵便とは，郵便物等の引き受けを記録するサービスです。特定記録郵便は配達の際は受取人の郵便受箱に配達されますので，相手方の支配領域に解除の意思表示が到達した事実を証拠化することが可能となります。特定記録郵便の配達状況については，インターネット上の検索照会画面で調べることができます。検索照会画面を印刷して証拠として提出すれば足りるので，容易な立証方法です。

4　特定記録郵便の弱点

便利な特定記録郵便ですが，あくまでも受取人の郵便受箱に配達するというものであり，配達の記録（受領印の押印又は署名）を行いませんし，その書面の内容についても記録が残らない点に注意が必要です。特定記録郵便については，内容証明郵便とは異なり，特定記録郵便では郵送した書面の内容が記録に残らないという弱点があるのです。

これを言い換えるならば，本件のように，訴訟に至って，相手方が「特定記録は届いたが，封筒の中身は空っぽだった」「そもそも特定記録郵便なんて見ていません（郵便受けから誰かが持ち去ったので知らない）」などといった反論の余地を残すことになります。意思表示の相手方が，訴状の記載の請求原因事実を認めるとは限らないため，本件通知書だけをもって解除権が発生したと考えるのは立証上のリスクを残します。

5　準備書面による解除の意思表示

このように，特定記録郵便により解除の意思表示が到達し，本件賃貸借契約の解除権が有効に発生しているものと判断して訴訟提起するとの方針を取った場合，Yが解除通知の到達を否認したときに，訴訟が長期化する可能性があります。

Yが特定記録での解除通知を受け取っていないものと反論するのであれば，裁判所としても，書面の提出と具体的な立証などを求めて，第一回口頭弁論期日において弁論を終結することなく，少なくとももう一期日入れる可能性があります。もちろん，あくまでも第一回口頭弁論期日において弁論を終結するよう求めることも可能でしょうが，意思表示の到達について補充して主張立証しなかったために，万が一請求が棄却されたときには目も当てられません。甲としてはやはり無理せず，次回期日の指定を受け入れるのが良策であろうと思われます。ただ，次回期日は約1か月後であり，早期の明渡しの実現が遠のくこととなります。

甲としては，棄却リスクを避けるために，ひとまず本件通知書を横に置き，さらに主張立証せざるを得ません。期日を重ねることとなって弁論の終結は遠のきますが，準備書面を提出し，その準備書面によって再度解除の意思表示をし，本件賃貸借契約の解除権が有効に発生したことを予備的に主張しておくのが安全でしょう。

▌6　期日でのやり取り

　なお，相手方に代理人が就いていない場合，特定記録郵便による解除の意思表示の到達を否認する趣旨はケースバイケースです。たとえば，Yは，実際には特定記録での解除通知が届いていたものの，それがどれなのかよく分からないだけであることも考えられます。Yが期日に出頭するのであれば，甲としては，期日において，Yに対し，甲号証を示して尋ねることも考えられます。その結果，Yが「ああ，それのことですか。それなら届いています」と述べれば解除の意思表示が到達した事実を自白したこととなり，その場合，裁判所に対して口頭弁論調書にその旨を記載してもらうことで足ります。

▌7　訴状での解除の意思表示

　甲としては，本件通知書に頼るのではなく，訴訟提起に先立って内容証明郵便及び特定記録郵便による解除の意思表示を送り直すこともできたのでしょうが，その分，訴訟提起までに時間を要することとなります。

　そこで，訴訟提起の段階で，訴状により解除の意思表示をするという方法も考えられます。主位的には，特定記録郵便の到達後に相当期間が経過し，本件賃貸借契約が解除により終了したと主張しつつ，予備的請求原因として，訴状においても未払賃料の支払いを催告し，訴状到達後に相当期間が経過したならば，本件賃貸借契約が解除により終了したと主張するというものです。

　上記のような訴状解除の方法であれば，Yが特定記録郵便による解除の意思表示の到達を争ってきた場合であっても，十分に太刀打ちすることができますので，第一回口頭弁論期日において弁論の終結を求めていくことが可能となり

ます。

【Xの主張の整理】

X ──────────────────────────────→ Y

　①主位的主張　　特定記録郵便による解除の意思表示

　②予備的主張　　訴状による解除の意思表示

8　訴状解除の弱点

　ただし，訴状による解除の意思表示にも弱点があります。たとえば，Yには，訴状到達後，相当期間が経過する前に，未払賃料を全額支払ってしまうといった対抗策もある点に注意が必要です。

Case Study
事例
7-6
本人訴訟を引き継いだ

事案の概要

(1)　賃貸人Xと賃借人Yは，マンションの1室（以下「本件物件」という）の賃貸借契約を締結した（以下「本件賃貸借契約」という）。

　　ところが，しばらくしてYが賃料の支払いを怠るようになり，やがて，Yは合計4か月分の賃料を滞納するに至った。

　　そこで，Xは「本件賃貸借契約は終了したので，即座に本件物件から退去せよ」との書面を本件物件の郵便受けに入れるとともに，本件物件のドアの隙間にも同じ通知書を挟んでおいた（以下「本件通知書」という）。

　　しかし，依然としてYが本件物件に居住し続けている様子が窺えたため，XはYに対する建物明渡請求訴訟を本人訴訟で提起した。

(2)　程なくして，書記官はXに対して「訴状を読むと，Xが賃料を支払わなかったことは分かります。しかし，裁判官より，それがどうして本件賃貸借契約が終了することになるのかについて主張立証しては如何でしょうか，との指摘がありました。裁判官の指摘を踏まえて訴状の補正をして頂けませんか。訴状の補正が済んでから，訴状をYへ送達したいと考えています」との連絡をした。

　　Xはどのように訴状を訂正するのか判断がつかず，弁護士甲に対して建物明渡訴訟を引き継いでほしいと依頼するに至った。

(3)　甲はXから受け取った訴訟資料を確認した。訴状を見ると，信頼関係破壊に関する主張も，訴訟提起前の解除の意思表示に関する主張もなされていなかった。

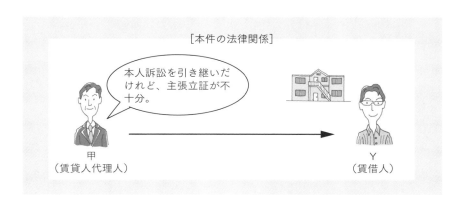

[本件の法律関係]

本人訴訟を引き継いだけれど、主張立証が不十分。

甲
（賃貸人代理人）

Y
（賃借人）

1　問題の所在

　甲はXによる本人訴訟を引き継いで代理人となりました。すでにXが裁判所に訴状を送っており，訴訟が係属していますが，裁判所からは主張立証が不十分との指摘がなされています。本人による不十分な訴訟行為を修正するためにはどのような方法が考えられるのでしょうか。

2　裁判所の示唆

　裁判所としては，本件賃貸借契約の解除権が発生した請求原因事実を明らかにするよう暗に示唆しています。甲としては裁判所の示唆を無視することはできず，対策を練らなければなりません。

　しかし，本件通知書の記載を見るに，XはYに対して未払賃料の支払いを求めておらず，Xが催告したうえでの契約解除の意思表示をしたとの評価をすることはできません。しかも，仮に本件通知書が解除の意思表示としての効力を生じうるような内容であったとしても，Yが争ってきたときに，本件通知書がYに到達したことを立証することは難しいものといわざるを得ません。

3　訴状訂正申立書の提出

　甲としては，訴えを取り下げて，解除通知の発送からやり直すということも

考えられます。この方法については，印紙代が半分だけ還付されることから，再度訴訟提起した際に，その分訴訟費用が余計にかかることとなります。

　幸いなことに，本件では，まだYへの送達がなされておらず，訴状は裁判所に留め置かれている状態です。印紙代を無駄にしないためにも，訴状訂正申立書の提出を検討するのが適切です。

4　第一回口頭弁論期日までの期間の活用

　そして，訴状訂正申立書の提出をするときに，訴状送達の日の翌日を始期として，相当な期間に未払賃料を支払うよう催告し，そのうえで期間内の不履行を条件として本件賃貸借契約を解除する旨の意思表示をしておく方法が考えられます。

　訴状が被告に送達された日から第一回口頭弁論期日までには，1か月間ほどの時間差があるのが通常ですので，この間を催告期間として活用するのです。解除の意思表示を再送する方法よりも，時間を短縮することができるのも利点です。このように，訴状による解除の意思表示をすることで本件通知書に頼らずに解除権の発生を主張立証することが可能となります。

5　訴えの取下げまたは裁判上の和解

　ただし，訴状解除の方法によっても，Yが催告期間内に未払賃料を支払うのであれば訴訟を維持できなくなる危うさはあることに変わりはありません。全額支払ったときはもとより，一部弁済であったとしても残余だけでは信頼関係が破壊されたとはいえないときには，訴訟を継続しても請求棄却となるものと考えられます。そのときには訴えを取り下げるまたは裁判上の和解を目指すこととなるでしょう。

第 **8** 章

裁判所による送達手続き

Case Study
事例
8-1
裁判所による送達はどのようなものか

事案の概要

(1)　賃貸人Ｘと賃借人Ｙは，マンションの１室（以下「本件物件」という）につき，賃貸借契約を締結した（以下「本件賃貸借契約」という）。

　　ところが，しばらくしてＹは賃料の支払いを怠ったことから，Ｘは賃料不払いを理由として建物明渡請求を行うこととし，弁護士甲へ依頼した。甲はＹに対する建物明渡請求訴訟を提起した。

(2)　そうしたところ，甲は書記官より「訴状副本を発送しましたがＹさんが受け取らないので送達できませんでした。付郵便送達で進めるため，Ｙさんの住民票をご準備ください」との連絡を受けた。

[本件の法律関係]

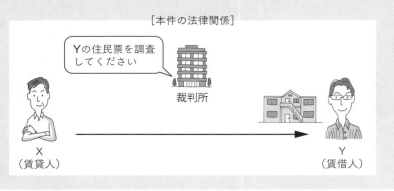

1　問題の所在

①　被告が裁判所から送られてくる訴状を受け取らないと裁判手続きが先に進まなくなってしまいます。このような場合に備えて，裁判所には「付郵便送達」と「公示送達」という手段があります。付郵便送達のメリットは何でしょうか。また，公示送達の場合，どのようなスケジュール感になるのでしょうか。

②　裁判所から住民票の調査を行うよう指示がありました。なぜこのような
　調査を行うのでしょうか。

2　なぜ訴状が届かないのか

　訴状副本が送達されなければ被告との関係で訴訟が係属しません。そのため，
債務名義を取得して建物明渡強制執行に至るためには送達を完了させる必要が
あります。

　しかしながら，建物明渡請求事件では賃借人の経済力が悪化している等の事
情により，賃借人が物件から居なくなってしまう例が多数見受けられます。ま
た，賃借人の大多数は，自らが賃料を支払っていないことを自覚しており，今
後賃貸人から明渡しを求められるであろうことも予想しているものと思われ，
裁判所からの郵便物を意図的に受け取らないことも珍しくありません。

　このような背景があり，建物明渡請求訴訟においては，訴訟提起に至っても
訴状副本や期日呼出状の送達の完了に苦労することが頻繁にあります。

3　付郵便送達の効果は絶大

　訴訟上の書類の送達については，交付送達によってなされるのが原則です
（交付送達の原則）。とはいえ，実際にはそのように運ばないのは上記2のと
おりです。

　交付送達の例外として，補充送達及び差置送達といった方法を含め，およそ
交付送達によって送達することができない場合に付郵便送達を実施することが
できるものとされています（裁判所職員総合研修所監修『民事訴訟関係書類の
送達実務の研究-新訂-』（司法協会，2006）154頁）。

　付郵便送達の効力は絶大でしょう。交付送達と異なり，送達の効果が書留郵
便等の発送のときに生じるとみなされるため（民事訴訟法107条3項），相手
方への到達が不要となります。しかも，送達場所固定化効により一度送達場所
が定まると，原則として，その後の送達場所がそこに固定されることとなりま
す（民事訴訟法104条3項3号）。

このような効力を見ると，付郵便送達により送達手続きが実施されることが賃貸人にとって有り難いことは明らかです。

4 住民票の調査をなぜ行うか

付郵便送達をすれば，たとえ相手方が受け取りを拒否したとしても，送達（受領）が完了したものとみなされるため，裁判手続きを進めていくことができます。このような手続きを取るためには相応の条件があり，以下の2つの条件を満たしていなければなりません。

、① 相手方が住所地に居住していることを確認できていること
② 相手方の就業場所が不明であること

この①の条件を確認するために，相手方の住民票を調査することになります。たとえば，住民票を調査した結果，相手方の住民票の住所地に変動がないときには，裁判所としては付郵便送達で進める方向に判断するでしょう。もし相手方の転居先が判明したときには，裁判所としては，付郵便送達ではなく，転居先に送達可能か試みることになります。

5 どのタイミングで住民票を調査するか

訴訟を起こす際に，被告が法人の場合，裁判所から資格証明書として全部事項証明書の提出を求められます。これに対し，個人の場合，被告の住民票の提出が求められることはありません。そのため，被告の住民票を取得しないで訴訟を提起してしまうことも間々見受けられるところです。もっとも，たとえば，被告がすでに転居しているが部屋の鍵を返そうとしないなどの事情がある場合，送達の関係で裁判所から指示を受ける前に，先回りして被告の住民票を取得して転居先を確認しておくのが適切でしょう。

なお，転居先が判明しているのであれば，訴状には転居先を被告住所地として記載しておく方が望ましいのは言うまでもありません。

6　公示送達は最後の手段

　公示送達は他の送達によることのできないときの最後の手段です。

　そのため，書記官が公示送達を当初から実施することはほとんどなく，まずは交付送達を試みるのが通常であり，さらに日を置いて複数回の現地調査を行うことが多く，書記官が公示送達を実施すると判断するまでには時間を要します。

　また，最初の公示送達の効力が生じるのは掲示した日から2週間を経過した日ですので，債務名義の取得までにさらに時間を要します。たとえば，訴訟を提起した後に指定される第一回口頭弁論期日についても，公示送達の効力が生じることを見越して，交付送達や付郵便送達による場合よりも遅めに期日が指定される傾向にあります。

7　現地調査の重要性

　公示送達を実施する場合，明渡しの完了までにどうしても時間がかかります。賃貸人にとっては，その分物件を新たな賃借人に賃貸する機会が失われるということであり，賃貸人に経済的なダメージが発生することを意味します。

　賃貸人側代理人としては，なるべく公示送達を実施することは避けたいというのが本音ではないでしょうか。真実公示送達の要件を満たすのであればやむを得ませんが，賃借人の不在が続くときなどに，代理人の調査不足により付郵便送達ではなく公示送達を実施することになってしまうケースも考えられないわけではありません。賃貸人側代理人においては，時間短縮を図るためにも，賃貸人や管理会社からの協力を得ながら現地調査に尽力しなければなりません（ 事例8-2 参照）。

事例 8-2　現地調査はどのように行うか

事案の概要

(1)　賃貸人Ｘと賃借人Ｙは，マンションの１室（以下「本件物件」とい
　う）につき，賃貸借契約を締結した（以下「本件賃貸借契約」という）。
　　ところが，しばらくしてＹは賃料の支払いを怠ったことから，Ｘは賃
　料不払いを理由として建物明渡請求を行うこととし，弁護士甲へ依頼し
　た。甲はＹに対する建物明渡請求訴訟を提起した。

(2)　そうしたところ，甲は書記官より「訴状副本を住民票住所地に宛てて
　送達しようとしても，Ｙが受け取らないです。本件物件を現地調査して
　きてください」との要請を受けた。

［本件の法律関係］

物件の現地調査を
してきてください

裁判所

Ｘ
（賃貸人）

Ｙ
（賃借人）

1　問題の所在

　裁判所から現地調査を行うよう指示がありました。どのような事項を調査す
る必要があるのでしょうか。

2　現地調査の内容

　交付送達で送達が完了するのであればともかく，付郵便送達や公示送達によ

218

るときには，被告住所地，物件所在地などの現地調査が不可欠です。

　現地調査の目的は送達するべき場所を特定することであり，被告と直接接触することができればそこが送達場所になる可能性が高まりますので，なによりも被告との接触を図るべきです。

　とはいえ，被告との接触ができないことはしばしば見受けられるところです。現地調査を実施した際の調査報告書を作成して書記官へ提出し，そこが送達場所として適切なのか，書記官へ判断材料を提供しなければなりません。

　調査報告書へ記載する調査内容としては，たとえば，以下のように考えられます（裁判所職員総合研修所監修『民事訴訟関係書類の送達実務の研究－新訂－』（司法協会，2006）185頁）。

① 　電気，ガスの使用状況
② 　郵便物の受け取り状況
③ 　建物，部屋の外観
④ 　駐車場があれば駐車場の状況
⑤ 　近隣者からの聴取結果

3　現地調査の方法

　付郵便送達が実施されるための要件としては，要するに，そこに被告が出入りしているものの，いつも不在で裁判所からの郵便物を受け取る機会がないが，郵便物を郵便受けに入れておけば被告が近い時期に郵便物を見るであろうと思われる，というものです。そこで，こうした状況にあることを目指して調査していくこととなります。

　被告が出入りしているかについては，日を置いたり訪問時間を変えたりしながら複数回の現地調査を行うことが有効です。たとえば，1回目の調査と2回目の調査でそれぞれメーターや郵便受けを写真撮影して両者の変化を見比べる，1回目は日中に，2回目は夜間にそれぞれ訪問するなどの方法が考えられます。

　ほかにも，事案（賃借人の家族構成や職業）や物件の構造（オートロックな

ど）に応じて様々な創意工夫が必要です。特に，オートロックのマンションで，賃貸人が物件を丸ごと所有しているのではなく1室だけを所有している場合には現地調査に行っても中に立ち入れないことがあり，難渋することが往々にしてあります。このような場合，賃貸人からオートロックの合鍵を借りる，物件の管理会社に事情を説明して何とか協力してもらえるよう説得するなど地道な努力が必要になります。

4 付郵便送達の誘惑

　附言するに，甲としては，公示送達を避けて付郵便送達にしたいばかりに，現地調査について真実に反する事実を述べるようなことがあってはなりません。瑕疵ある送達がなされた場合，Yより上訴や再審等で争われる可能性があるばかりではなく，確定判決の騙取として甲自身が損害賠償請求に晒されるリスクもまた否定できません。

　甲としては，時として，依頼者等より早々に明渡しを実現してほしいとのプレッシャーを感じることもあるかもしれませんが，当事者の手続き保障の観点からも送達の完了のためにある程度の時間を要することはやむを得ないものです。送達とは，裁判所による訴訟行為であり，代理人としては，あくまでもその「お手伝い」をしているようなものであって，その限りにおいては，淡々と現地調査を実施するのが良いでしょう。

5 調査嘱託の申立て

　代理人による調査能力には限界がありますので，裁判所による調査を申し立てることも考えられます。たとえば，賃借人が電気，ガスの供給契約を解約している場合には，裁判所としては，その賃借人はもはやそこには居ないという方向で判断することになるでしょう。甲としては，電気会社やガス会社に対して本件物件の契約名義人を確認するよう調査嘱託を申し立てることもありうるところです。

Case Study
事例
8-3　　賃借人が逮捕された

事案の概要

　賃貸人Xと賃借人Yは，マンションの1室（以下「本件物件」という）につき，賃貸借契約を締結した（以下「本件賃貸借契約」という）。

　しばらくしてYは賃料の支払いを怠ったことから，Xは賃料不払いを理由として建物明渡請求を行うこととし，弁護士甲へ依頼した。甲はYに対する建物明渡請求訴訟を提起するために，裁判所へ訴状を郵送した。

　その翌日，甲はXより「警察から連絡がありました。Yが今日逮捕されたとのことです」との連絡を受けた。

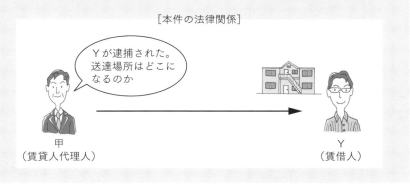

[本件の法律関係]

Yが逮捕された。
送達場所はどこに
なるのか

甲
（賃貸人代理人）

Y
（賃借人）

1　問題の所在

　甲は本件物件をYの住所地として訴訟を起こしています。ところが，Yが逮捕されたため，今後，勾留される可能性もあります。このような場合，裁判所はどのような方法で送達を完了させるのでしょうか。

2　警察署の留置場にいる場合

　刑事施設に収容されている者に対する送達は当該刑事施設の長を受送達者と

して行います（民事訴訟法102条 3 項）。刑事施設には警察留置場が含まれますので，甲としては，裁判所に対し，Yが収容されている警察署の署長を受送達者とする上申書を提出することとなるでしょう。

3　送達場所の上申をどのように行うのか

　Yが留置されている警察署を特定する方法としては，Xより連絡があった警察署を聞き取ったうえでその警察署に問い合わせて確認することがまず考えられます。訴状の送達のためときちんと説明すれば，警察も在監の有無を回答してくれることもあります。また，国選弁護人が判明していれば，国選弁護人から聞き取ることもできるでしょう。こうして聞き取った内容を弁護士名義の報告書として作成し，送達場所の上申書に添付します。

4　釈放後の所在不明

　そうはいっても，Yがいつまでも留置所にいるとは限らず，釈放される可能性もあります。釈放されたときには，刑事施設の長は受送達者としての資格を失いますので，警察署へ送達することはできません。たとえ国選弁護人との連絡が付き，その罪名を聞き取ることができたとしても，Yの釈放等のタイミングを把握することは難しいのが実際のところです。訴状を警察署に送付しても，既に釈放されており，結局送達が完了するとは限らないことから，裁判所としてもしばらく期日を指定せずに様子見することもあるかもしれません。

　釈放後にYの所在が不明になり，公示送達に付される可能性もありますが，甲としては，本件物件の現地調査を行うなどして所在確認に努めるほかありません。

第 9 章

裁判上の和解

Case Study
事例
9-1
和解を検討するのはどのような場面なのか

事案の概要

(1)　賃貸人Xと賃借人Yは，マンションの1室（以下「本件物件」という）の賃貸借契約を締結した（以下「本件賃貸借契約」という）。

　　ところが，しばらくしてYは賃料の支払いを怠るようになった。

　　Xは弁護士甲に対して本件物件の建物明渡請求訴訟を依頼した。甲は，Yに対し，解除の意思表示をし，催告期間内にYからの未払賃料の支払いがないことを確認したうえで，本件物件の明渡請求訴訟を提起した。

(2)　裁判所が第一回口頭弁論期日を指定してから間を置かずに，YはXの口座へ未払賃料全額を振り込んで支払い，そのうえで「未払賃料は全額支払いました。今後は決して支払いを怠りませんので，引き続き本件物件に住まわせてください」との和解を求める内容の答弁書を提出した。

　　裁判官から甲に電話があり「和解について期日までに検討してきてください」との指示があった。

(3)　甲がXに対して本件賃貸借契約を存続させる内容で和解する意思があるのか確認したところ，Xは「今後，一切未払いがなければ構わないが，一度でも未払いがあれば，Yにはすぐにでも本件物件から出て行ってもらいたい」との意向を示した。

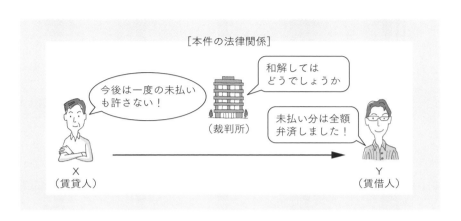

[本件の法律関係]

今後は一度の未払いも許さない！

和解してはどうでしょうか

未払い分は全額弁済しました！

X
（賃貸人）

（裁判所）

Y
（賃借人）

1　問題の所在

①　本件ではYが未払賃料の全額を支払ってきたため，未払いがなくなりました。裁判所は，このようなYの態度に好感しており，賃貸人に和解を勧めてきました。甲としては，このような場面で和解を検討するべきなのでしょうか。

②　賃貸人Xが和解の条件を少しでも自分に有利にしてほしいと考えるのは自然なことです。本件では，Xは「今後は一度の未払いも許さない」というスタンスです。この希望通りに和解が成立して，その後未払いがあった場合，執行の段階で差しさわりはないのでしょうか。

2　和解をすべき場面か

賃料の滞納を理由として賃貸借契約を解除する場合，相当期間を定めて催告したうえで，相当期間内の不履行を条件として契約解除権が発生します。すなわち，相当期間の終期の時点での事情をもって信頼関係の破壊があるのかを判断するものと解されます。

本件では，Yは催告期間の終期が経過した後に，未払賃料の支払いをしています。こうしたYが未払賃料を支払ったという事情はあくまでも契約解除権が

発生した後の事情であり，信頼関係破壊の評価障害事実とならないものと考えられます。最終的には裁判所の判断次第ではありますが，信頼関係破壊により本件賃貸借契約が終了したとのXの主張が認められる可能性が高いです（ 事例6-4 参照）。

とはいえ，裁判所としては，未払賃料の全てが弁済されたことから，本件賃貸借契約を存続するような裁判上の和解をしてはどうかと勧めてくることが予想されます。裁判所が，弁論終結時点までの全ての事情をもって信頼関係の破壊を判断するリスクもあり，その場合には棄却判決を言い渡すでしょう。甲としては，裁判所の和解勧試を無視するべきではありません。

3　和解することのメリットは何か

和解することの最大のメリットは，和解調書が債務名義になることです。将来，Yが和解条項に定める内容に違反したときには，Xは裁判手続きを経ないでいきなり強制執行を申し立てることが可能となるのです。敗訴リスクと和解成立を天秤に掛けるならば，一歩後退してでも和解成立を目指すことは十分に合理的な選択肢といえるでしょう。甲としては，和解することでも強制執行への道が開かれることをXに対して丁寧に説明することが重要です。

4　執行段階でも信頼関係の破壊が必要になる

賃借人には，執行段階においても，請求異議の訴えにより強制執行の是非を争う機会が保障されています。たとえ裁判上の和解でひとまず事件が終結したとしても，後々，賃借人による再度の賃料不払いがあった場合に和解調書に基づいて強制執行を申し立てた際に，賃借人が請求異議の訴えを提起する可能性があります。請求異議の訴えでは和解の効力が争点になる可能性があるため，請求異議の訴えに耐えうる内容で裁判上の和解をするのが理想的といえます。特に，裁判上の和解であっても，和解条項の内容に反すれば常に契約解除ができるかというとそうではなく，執行段階においても，信頼関係の破壊がやはり必要となることには留意するべきです（最判昭51・12・17民集30巻11号1036

頁，谷口知平/五十嵐清編『新版注釈民法⒀』（有斐閣，2006）681頁）（ 事例11-14 参照）。

Case Study 事例 9-2 特に注意するべき和解条項は何か

事案の概要

　賃貸人Xと賃借人Yは，マンションの１室（以下「本件物件」という）の賃貸借契約を締結した（以下「本件賃貸借契約」という）。

　ところが，しばらくしてYは賃料の支払いを怠るようになった。Xは弁護士甲に対して本件物件の建物明渡請求訴訟を依頼し，甲はYに対する本件物件の明渡請求訴訟を提起した。

　Yは第一回口頭弁論期日前に「来月にまとまったお金が入ってきます。未払賃料を一括で全額支払います。その代わり，引き続き本件物件に住まわせてください」との和解を求める内容の答弁書を提出した。

　甲が，Xに対し，本件賃貸借契約を存続させる内容で和解する意思があるのか確認したところ，Xは「未払い分の全額を一括弁済してくれるのは良いですね。そういうことでしたら和解して頂いて結構です。和解の内容は甲先生にお任せします」との意向を示した。

［本件の法律関係］

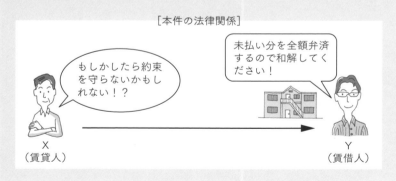

1　問題の所在

本件では当事者双方に和解の意思がありますので，甲としては，和解協議を

進めていくこととなります。Yが懈怠した場合に強制執行に速やかに移行するためには，どのような和解条項を設けることが適切でしょうか。

2　必要不可欠な和解条項は何か

甲としては，本件の裁判上の和解に際して，以下のような条項に着目しつつ，Yとの間で和解協議をしなければなりません。

① 　本件賃貸借契約が存続していることの確認条項

② 　未払賃料がないことの確認条項

③ 　和解成立後の賃料支払義務を懈怠した場合の明渡しの給付条項

3　明渡義務を負うべき条件を厳格化できないか

本件は建物明渡請求が認容されるべき状況にありますので，甲としては，③の条項につき，Yが明渡義務を負うべき条件を厳格化するよう求めていくことが依頼者の利益に適うものです。以下の3点が大切なチェック事項です。

a） 　催告の要否

b） 　賃料不払いの程度

c） 　失権条項

4　催告は不要か

賃料の支払いを遅滞したときには，催告を要さずに賃貸借契約を当然解除するとの条項を置くことが考えられます。一般的には，このような条項も有効であると解されています。この条項により，賃借人が裁判上の和解後，和解条項に懈怠したときに，催告の手間を省力して強制執行を申し立てることが可能となるのが最大の利点です。

ただし，強制執行を申し立てたとしても，請求異議の訴えにおいて，具体的な事情によっては信義則等が根拠となって催告なしで解除権を行使することが許されない可能性があります。

こうした賃借人からの主張への反論の準備として，これまでに賃借人側の債

務不履行の結果としての和解条項であることを示すために，「今回の遅滞を踏まえて」との文言を明渡しの給付条項内に入れておくことが考えられます。諸説ありますが，和解調書に基づく強制執行に際しての信頼関係破壊については，より賃借人に厳しく捉えるべきであるとの見解もあります（石川明「新判例評釈」判例タイムズ352号122頁判例番号513）。「今回の遅滞を踏まえて」との文言を明渡しの給付条項内に入れておくことにより，和解調書に基づく強制執行において請求異議の訴えを提起されたときに，賃貸人が信頼関係破壊を主張する取っ掛かりを作ることができます。

　なお，仮に催告不要との条項を設けて裁判上の和解をし，後日に賃料の滞納があり，強制執行を申し立てるに至った場合であっても，強制執行の申し立てに先立って，相当の期間を設けて催告したうえで契約解除の意思表示をしておくことも考えられます。しかし，そうすると，賃貸人側が支払いを猶予したとも捉えられるため，賃借人が相当期間内に未払賃料の一部でも支払ってきたときには，和解調書に基づく強制執行を成しうるのか別途検討する必要があるかもしれないことには注意が必要です。

5　賃料の不払いの程度

　どの程度の賃料の不払いをもって明渡義務を負うとの定めをするのかについて検討します。

　具体的な文言として，たとえば「２回の遅滞」，「２回分の遅滞」といったものがあり，それぞれ意味合いが異なります。

　仮に，賃料が月額10万円である場合，「２回の遅滞」としたときには賃借人が賃料の支払いを２回怠るという遅滞の回数をもって足り，怠った金額の合計金額が20万円を満たす必要はありません。これに対して，「２回分の遅滞」としたときには怠った金額の合計金額が20万円を満たす必要があり，遅滞の回数は直接の問題にはなりません。

　これを言い換えると，和解条項に「２回分の遅滞」との記載を設けたときには，和解成立後に賃借人が再度賃料の支払いを怠るようになったとしても，

賃借人としては，未払賃料の合計が20万円にならないよう一部だけ弁済することで明渡義務を発生させないように対抗することができるということです。そうすると，事実上3回の遅滞がなければ，賃借人は明渡義務を負わないため，それだけ賃借人にとって有利な内容であるうえ，賃借人が一部だけ支払って明渡義務を負わないようにするなどといった，いたちごっこになる可能性もあります。

本件においては，信頼関係破壊により本件賃貸借契約が終了したとのXの主張が認められる可能性が高いものといえますので，「2回分の遅滞」ではなく，「2回の遅滞」とすることが望ましいです。

なお，1回の賃料の不履行でも解除しうるという和解条項を定めることも考えられますが，和解調書に基づいて強制執行を申し立てた際に，請求異議の訴えにおいて，明渡義務が発生したかどうかが争点となる可能性があります。

▍6　契約解除の意思表示が必要か

失権条項とは，賃料の支払いを遅滞したときに契約解除の意思表示を要することなく，賃貸借契約が当然に解除されるとの条項をいいます。

しかし，失権条項を定めたとしてもその意味は賃貸借が当然に解除されるものではなく，解除の意思表示により賃貸借の効力を失うものであると解される余地があります（谷口知平/五十嵐清編『新版注釈民法(13)』（有斐閣，2006）680頁参照）。つまり，失権条項に基づいて強制執行を申し立てた場合であっても，請求異議の訴えにおいて，Yより「契約解除の意思表示が必要であった」などといった反論をされる余地を残すことになります。

失権条項を設けて裁判上の和解をした後日に賃料の滞納があり，強制執行を申し立てるに至った場合であっても，強制執行の申立てに先立って，契約解除の意思表示をしておくのが安全といえるでしょう。

▍7　賃借人が所在不明になったときに備える

なお，失権条項は，賃借人が所在不明のときなどに，契約解除の意思表示が

到達したかどうかを考慮しないで済む点で大変便利な条項でもあります。

Case Study
事例
9-3

担保取消しの同意を忘れずに

事案の概要

(1)　賃貸人Ｘと賃借人Ｙは，マンションの１室（以下「本件物件」という）の賃貸借契約を締結した（以下「本件賃貸借契約」という）。

(2)　ところが，しばらくしてＹが賃料の支払いを怠るようになったため，Ｘは，弁護士甲に対し，本件物件の建物明渡請求訴訟を依頼した。

(3)　本件物件の管理会社から「Ｙ以外の者が本件物件に出入りしている」との事情を聞き取ったため，甲はＹと不特定の者を債務者とする占有移転禁止の仮処分を申し立てて，法務局に担保金を供託した。仮処分が執行されたが，占有認定されたのはＹのみであり，Ｙのほかに占有者の認定はなかった。

(4)　その後，甲は，Ｙに対し，本件物件の建物明渡請求訴訟を提起し，裁判所は第一回口頭弁論期日を指定した。

(5)　訴状送達から間を置かずに，ＹはＸの口座へ未払賃料全額を振り込んで支払った。そのうえで，Ｙは答弁書を提出して「未払賃料は全額支払いました。今後は決して賃料の滞納をしません。引き続き本件物件を使わせてください」と和解を求めた。

(6)　甲がＸに対して本件賃貸借契約を存続させる内容で和解する意思があるか確認したところ，Ｘは「今後Ｙが賃料を遅れずにきちんと払ってくれるなら和解しても良い」との意向を示した。

　　甲はＹの和解の申し出を受諾してもよいと回答した。

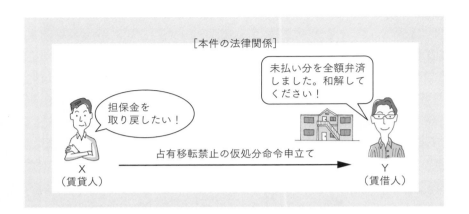

[本件の法律関係]

担保金を
取り戻したい！
X
（賃貸人）

未払い分を全額弁済
しました。和解して
ください！
Y
（賃借人）

占有移転禁止の仮処分命令申立て

1 問題の所在

本件では占有移転禁止の仮処分命令のために担保金が供託されています。法務局から担保金の返還を受けるためには，和解条項においてどのような定めをしておくべきでしょうか。

2 担保金の取戻し

債権者において，債権者が保全命令手続きの担保として供託した担保金を取り戻すための事由としては，以下の3つがあります（民事保全法4条2項，民事訴訟法79条1項ないし3項）。

①　担保事由が消滅したことの証明

②　担保権利者の同意を得たことの証明

③　権利行使催告による担保権利者の同意の擬制

3 担保取消しの同意

まず，①の事由の典型例としては，債権者が勝訴した判決が確定したケースですが，甲としてはYとの間での和解を進めている状況です。①の事由については，本件では関係がありません。

　次に，②の事由については，債権者側としては，和解調書により同意を得たことの証明をすれば担保取消しの決定を得られますので事務的な手間も少なく，一番有り難いものといえます。

　最後に，③についてですが，②に比べて手続きの手間を要するうえ，権利行使催告期間が経過して担保金の返還を受けるまでに時間を要することとなります。甲としては，やはり②の事由で終えたいところです。

　したがって，甲としては，②の事由をもって担保取消しの決定を得るためにも，裁判上の和解に際しては担保取消しの同意に関する条項を定めておくべきです。

▌4　裁判所への注意喚起

　裁判上の和解の際に，担保取消しの同意に関する条項を失念するというミスが起こることも考えられます。このようなミスを防ぐ手立てとして，裁判所への注意喚起の意味も込めて，仮処分が執行されている旨を訴状に記載しておくのが良いでしょう。請求原因事実ではなくとも，訴状には仮処分が執行されている旨を記載するべきです。

NPO法人との和解での注意点

事案の概要

(1) YはNPO法人Zの代表理事に就任している。ZにはY以外に代表権を有する理事がいない。

(2) Yは，Xに対し，Zの活動拠点となる事務所を設置するために，マンションの1室の借り受けを申し込んだ（以下「本件物件」という）。XはYの申し入れを承諾し，Yとの間で，本件物件の賃貸借契約を締結した（以下「本件賃貸借契約」という）。この際，XはZとの間では契約を締結しなかった。

　ところが，しばらくしてYが賃料の支払いを怠るようになったため，Xは弁護士甲に対して本件物件の建物明渡請求訴訟を依頼した。

(3) その後，甲はYとZに対する本件物件の建物明渡請求訴訟を提起し，裁判所は第一回口頭弁論期日を指定した。

(4) 訴状送達から間を置かずに，YはXの口座へ未払賃料全額を振り込んで支払った。そのうえで，Yは答弁書を提出して「未払賃料は全額支払いました。今後は決して賃料の滞納をしません。引き続き本件物件を使わせてください」と和解を求めた。

(5) 甲がXに対して本件賃貸借契約を存続させる内容で和解する意思があるか確認したところ，Xは「今後Yが賃料を遅れずにきちんと払ってくれるなら和解しても良い。ただ，Yが遅れずにきちんと賃料を払ってくれるのか不安なので，連帯保証人を付けてほしい」との意向を示した。

　甲は，Yに対し，連帯保証人を付けることを条件に，Yの和解の申し出を受諾してもよいと回答した。

　すると，Yは「本件物件はNPO法人Zの事務所であるので，NPO法人Zを連帯保証人としたい」との意向が伝えられた。

　甲がXに対してZを連帯保証人とすることの可否を尋ねたところ，X

はZを連帯保証人とするのであれば，和解しても良いとの意向を示した。

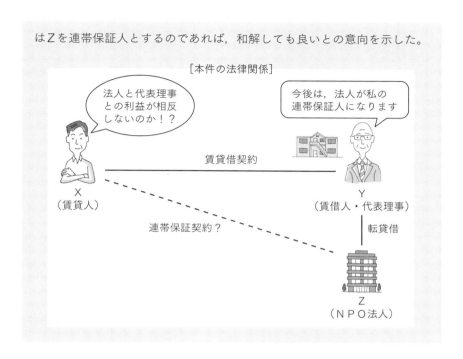

[本件の法律関係]

1 問題の所在

本件賃貸借契約の当事者はXとYであり，XとZとの間に法律関係はありません。本件では「ZがZの代表理事であるYのために連帯保証人になる」との和解案が示されました。もしYが再度未払いになったときに，法人と法人代表者との間で利益が相反してしまう可能性があります。NPO法人はその代表理事のために連帯保証人になることができるのでしょうか。

2 なぜ法人代表者との間で契約を結ぶか

貸主には契約締結の自由がありますので，申し込みのあった法人には信用力が乏しいのではないかと危惧し，代表者個人との間で締結した方が安全だと判断することがあります。特に，法人が設立して間がないとき，（賃貸人にとっ

て）未知の形態の法人のときには，賃主側が法人との契約を忌避する傾向が見受けられるところです。このような場合，物件の使用の主体は法人であるものの，あえて法人の代表者と間で契約を結ぶこととなり，XはYのZに対する転貸借を（明示または黙示に）承諾したと構成することになるでしょう。

3 NPO法人の利益相反行為

NPO法人と当該法人の代表理事（理事長）との間での契約締結は利益相反行為に該当します。そして，利益相反取引に該当する場合，NPO法人と利益が相反する代表理事には代表権がありませんので，契約締結等の前に，特別代理人の選任手続きを経なければなりません（特定非営利活動促進法17条の4）。

本件では，NPO法人たるZがその代表理事であるYのために保証契約を締結して連帯保証人になることは利益相反行為に該当することは明らかです。甲としては，Zを連帯保証人としたうえでYと和解するのであれば，Yに対して特別代理人の選任を促すほかありません。特別代理人の選任手続きを見過ごしてYに代表権があると誤解して和解したときには，和解の効力に疑義が生じてしまうので要注意です。

なお，特別代理人を選任するのは，当該NPO法人の所轄庁であり，特別代理人の選任までにどうしても事務処理上の時間を要するため，和解期日のスケジュールについて裁判所と相談しておく必要があります。

第 10 章

民事保全手続き

Case Study
事例
10-1

債務者にバレないまま仮処分を発令してほしい

事案の概要

(1) 賃貸人Ｘと賃借人Ｙは，マンションの１室（以下「本件物件」という）につき，使用目的を住居として賃貸借契約を締結した（以下「本件賃貸借契約」という）。

(2) ところが，本件物件で風俗店が経営されていることを窺わせるウェブサイト等が見つかった。Ｘが，探偵に依頼して調査したところ，本件物件で無許可の風俗店が営まれていることが判明した。

そのうえ，Ｙは，賃料の支払いを怠るようになり，賃料３か月分が滞納した。

そこで，Ｘは，用法遵守義務違反と賃料不払いを理由として建物明渡請求を行うこととし，弁護士甲へ依頼した。

(3) 甲の事務員が，本件物件を現地調査したところ，本件物件には店舗の女性従業員と思われる者が複数出入りしていることが窺われた。

甲は，Ｙだけではなく，不特定の者が本件物件を占有しているものと判断し，裁判所に対し，Ｙと不特定の者を債務者とする占有移転禁止の仮処分を申し立てるとの方針を採ることとした。しかし，解除の意思表示をした後に仮処分を申し立てた場合，Ｙや他の占有者が，第三者の占有を仮装するなどの執行妨害に及ぶのではないかと懸念された。

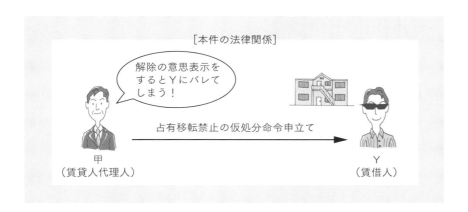

[本件の法律関係]

1　問題の所在

　契約を解除するためには，債務の催告と解除の意思表示を賃借人に対してし
なければなりません。この場合，賃借人としては，賃貸人が建物明渡請求訴訟
を起こしてくることをある程度覚悟することでしょう。本件のように違法行為
を行う賃借人の場合，執行の妨害を行う危険性がありますので，甲としては，
そのようなリスクを避けたいところです。

2　解除の意思表示に先立つ仮処分の申立て

　著しく信頼関係が破壊されたようなときには，賃貸人は催告をせずに賃貸借
契約を解除して終了させることができるものの，催告せずに契約を終了させる
場合であっても，賃貸人は賃借人に対して少なくとも解除の意思表示をしなけ
ればなりません。

　しかし，解除の意思表示をした後に占有移転禁止の仮処分を申し立てた場合，
執行官が仮処分を執行するまでの間に，どうしてもタイムラグが生じます。悪
質な賃借人や占有者であれば，このタイムラグを利用して第三者占有を仮装す
るなど執行妨害を企てる可能性を否定できません。そこで，解除の意思表示に
先立って，占有移転禁止の仮処分を申し立てることができるかについて検討し
ます。

民事保全法23条1項は「債権者が権利を実行することができなくなるおそれがあるとき」と定めていますので，被保全権利が確定的に発生していることを必ずしも要求しておらず，事案によっては被保全権利が発生する蓋然性を疎明すれば足りることも許容されるものと解されます。

したがって，解除の意思表示をせずに仮処分を申し立てることが可能です。

3　賃貸物の使用収益を阻害しても解除は有効か

本件とは異なりますが，仮に債務者の占有を許さないとの内容の保全執行がなされたとします。仮処分後に賃貸借契約を解除する旨の意思表示をしたとして，その解除の効力は有効でしょうか。執行官保管または債権者の使用によって，賃借人は賃貸物の使用収益を阻害されます。しかし，賃貸人は催告期間の満了または解除の意思表示があるまで使用収益を継続させなければならないとも思えます。

この点については，賃借人の賃料債務と使用収益をなさしめる賃貸人の債務とは対価関係にあり，各当事者は同時履行の抗弁権をもっているので，仮処分前に賃借人が賃料債務について履行遅滞に陥っているからには，賃貸人は賃借人による使用収益を拒否しても履行遅滞となるものではありません（大判昭10・9・17，吉川大二郎『判例保全処分』（法律文化社，1959）170頁）。

したがって，仮処分後に賃貸借契約を解除する旨の意思表示をしたとして，その解除の効力は有効であるといえます。

4　本件では何を解除事由とするか

本件の解除理由である用法遵守義務違反を立証できるようであれば，賃借人が賃貸物の使用収益を阻害されたとしても解除の効力には影響しないといえます。しかし，無許可の風俗店のような密行性が高い事情を訴訟において立証できるとは限りません。審理期間の短縮を図るためにも実際の保全申立てや訴訟提起においては，あえて用法遵守義務違反ではなく，賃料不払いを解除事由として主張することも十分に考えられるところです。

Case Study
事例 10-2
占有者全員分の債務名義が必要か

事案の概要

(1)　賃貸人Ｘと賃借人Ｙは，マンションの１室（以下「本件物件」という）につき，賃貸借契約を締結した（以下「本件賃貸借契約」という）。

　　　しばらくしてＹが賃料の支払いを怠ったことから，Ｘは賃料不払いを理由として建物明渡請求を行うこととし，弁護士甲へ依頼した。

(2)　甲は，Ｙに対し，未払賃料の支払いを求めるとともに，催告期間が経過しても支払いがない場合には本件賃貸借契約を解除する旨の通知書を，内容証明郵便と特定記録郵便の２つの方法で発送した。

　　　内容証明郵便及び特定記録郵便の両方が宛所不明で返送され，Ｙに到達しなかった。

　　　甲の事務員が本件物件を現地調査したところ，本件物件の郵便ポストには，全く予期せずして，Ｙとは別人のＺ宛のガス利用明細書や電力会社の請求書等が在中していた。甲が弁護士としての職務上請求によりＺの住民票を取得したところ，本件物件の所在地がＺの住民票上の住所地であることが判明した。

(3)　甲は，ＹとＺの両者だけではなく，不特定の者が本件物件を占有しているものと判断し，裁判所に対し，ＹとＺと不特定の者を債務者とする占有移転禁止の仮処分を申し立てた。

　　　ところが，裁判所は「Ｚのみを債務者とする形での仮処分決定であれば発令する」との意見を述べたため，甲はＹと不特定の者については取下げをした。その結果，裁判所はＺに対する仮処分命令を発令した。

　　　執行官が仮処分を執行した結果，執行官は本件物件の占有者をＺと認定し，Ｙについては占有者として認定しなかった。

(4)　甲は，ＺだけではなくＹについても債務名義を取得しておくこととし，Ｙ及びＺを被告として，本件物件の明渡し及び本件物件の明渡しまでの

使用損害金の支払いを求めて訴訟提起した。

　Yが答弁書を提出することなく，期日に出廷することもなかったため，Yについては擬制自白により，請求の趣旨のとおりの判決が言い渡された。

　これに対し，Zは「本件物件は既にYに明渡し済みである。私はもはや本件物件を占有していない」との答弁書を提出し，占有の事実を争った。

(5)　甲は，Zが争ってきたものの，本件物件を占有していないと主張しているのでZに対する訴訟を維持するよりも，Yに対する債務名義をもって強制執行を進めることができるものと考えた。

　甲は，念のため，Yの債務名義があればZの債務名義がなくとも強制執行できるかどうかを執行官室に問い合わせた。執行官から「仮処分でZの占有が認定されている以上，YとZの双方の債務名義がなければ強制執行することはできないのではないか」との見解が示された。

[本件の法律関係]

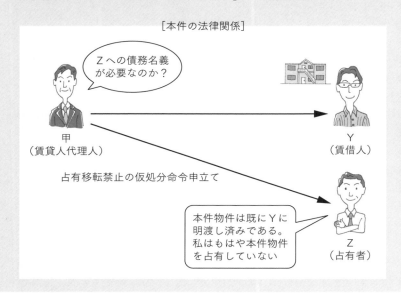

1　問題の所在

　本件では仮処分でZの占有が認定されていますが，本訴の段階ではZは占有していないと主張しています。Zとの本訴の審理を重ねるとその分明渡完了まで時間を要します。Zに対する訴訟を維持するよりも，Yに対する債務名義をもって強制執行を進めることができれば，早期の本件物件の明渡完了という目的を達成することができるようにも思われます。しかし，執行官はこのような手法に疑問を示しています。甲としては，どのような方針を取るべきでしょうか。

2　執行官は何を示唆したのか

　執行官から「仮処分でZの占有が認定されている以上，YとZの双方の債務名義がなければ強制執行することはできないのではないか」との見解が示されました。執行官としては，仮処分の際にZの占有が認定されていることから，本件物件内にはZによる占有が分かる動産などが残置されているのではないかと危惧したのでしょう。建物明渡の強制執行は「直接占有」を排除するための手続きですので，Yへの債務名義があっても，直接占有者であるZへの債務名義がなければ，執行不能となるリスクがあります。

3　訴訟遂行の方針について

　さて，Zは本件物件の占有の事実を争っています。このような場合，甲としては訴訟遂行の方針につき以下の2つの方針が考えられます。
①　Zの占有を立証して請求認容判決を取得し，Y及びZへの債務名義に基づいて強制執行を申し立てる
②　Zと裁判上の和解をし，Y及びZへの債務名義，またはYへの債務名義に基づいて強制執行を申し立てる

4 　方法①について

　まず，方法①を見るに，本件物件の郵便ポストにZ宛のガス利用明細書や電力会社の請求書等が在中していることから，最終的にはZの占有が認められて本案で勝ち切れるでしょう。Zへの債務名義を取得すればYへの債務名義と合わせて強制執行を申し立てて，本件物件の明渡しを実現することができます。

　しかし，Zが争っており，弁論の終結までにさらに期日を重ねることとなるため，早期の明渡しの実現が遠のいてしまう難点があります。

　このように，方法①は正攻法ではありますが，早期解決を優先する場合には，甲はXと協議したうえで方法②を取り得るのかを検討するべきです。

5 　方法②について

　真実Zが占有していたかはさておき，占有の事実を否認し，本件物件を占有していないと反論するにもかかわらず，Zが本件で争っている理由としては，察するに，Xが使用損害金を請求しているからであると考えられます。Zとしては，本件物件を使用することには関心がなく，明渡請求については容認できるものの，使用損害金の支払請求については受け入れられないという事情が存在する可能性があります。

　そこで，甲としては，Zが争う理由を確認したうえで，Zが本件物件の明渡義務を負うとの給付条項を設けるのと引換えに，使用損害金については支払義務を負わないことの確認条項を設けて，Zと裁判上の和解をすることが考えられます。

　本件物件内に誰のものか分からないような残置物があるようであれば，便宜上，Yに対する強制執行と合わせて，Zへの和解調書に基づくZに対する強制執行をも申し立てておくことで，確実に本件物件の明渡しを完了させることができます。和解条項に定める明渡期限が経過する前に，Zが任意退去して本件物件内にZの残置物がなければZに対する強制執行までは不要であり，Yに対

する強制執行は申し立てるまでもありません。

　このように，方法②は使用損害金を放棄するという譲歩をすることになるものの，早期解決を優先する場合には有力な選択肢であるといえます。

Case Study
事例
10-3
疎明資料として何を準備するか

事案の概要

(1) 賃貸人Xと賃借人Yは、マンションの1室につき、使用目的を事務所として賃貸借契約を締結した（以下「本件物件」という）。

(2) やがてYが賃料の支払いを怠るようになったため、Xは賃料不払いを理由として建物明渡請求を行うこととし、弁護士甲へ依頼した。

(3) 甲の事務員が本件物件を現地調査したところ、本件物件のベランダには洗濯物が干されているなど、居住者がいることが窺われた。

　そこで、甲は、Yだけではなく、不特定の者が本件物件を占有しているものと判断し、裁判所に対し、Yと不特定の者を債務者とする占有移転禁止の仮処分を申し立てるとの方針を採ることとした。

　早速、甲は疎明資料の準備に取り掛かったが、何を準備すればよいのか悩み込んでしまった。

[本件の法律関係]

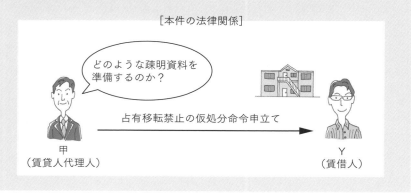

どのような疎明資料を準備するのか？

占有移転禁止の仮処分命令申立て

甲
（賃貸人代理人）

Y
（賃借人）

1　問題の所在

　占有移転禁止の仮処分の申立ての際には疎明資料を提出しなければなりません。どのような証拠資料を準備することになるのでしょうか。

2　被保全債権の疎明資料

　仮処分命令の申立てに際しては，裁判所に対して被保全債権の発生原因を疎明する必要があります。本件の場合，被保全権利が発生する蓋然性を疎明する方法としては，本件物件の占有状況の報告書のほか，本訴で提出する予定の「訴状」を疎明資料として提出することになるでしょう。

3　保全の必要性の疎明資料

　仮処分命令の申立てに際しては，裁判所に対して保全の必要性を疎明しなければなりません。民事保全法23条1項は仮処分命令の必要性の要件として「その現状の変更により，債権者が権利を実行することができなくなるおそれがあるとき」と定めています。

　本件での具体的な疎明方法としては，賃借人または占有者が執行妨害を行うであろう事情につき，防犯カメラ画像などの客観的な証拠が望ましいことはもちろんです。しかし，そのような証拠が常にあるわけではありません。そのようなときには，たとえば，管理会社や弁護士名義等での報告書を作成して裁判所へ提出することが考えられます。

裁判官面接での疎明の方法

事案の概要

(1) Aはマンションの1室を購入した（以下「本件物件」という）。Aは，同日，管理会社Xとの間で，第三者への転貸を予定とする賃貸借契約を締結した。

(2) その後，XはYに対して本件物件を賃貸借した（以下「本件賃貸借契約」という）。ところが，しばらくしてYが賃料の支払いを怠るようになったため，Xは，弁護士甲に対し，本件物件の建物明渡請求訴訟を依頼した。

(3) 本件物件の管理会社から「本件物件には，Yだけではなく，Y以外の第三者が頻繁に出入りしている」との事情を聞き取ったため，甲はYと不特定の者を債務者とする占有移転禁止の仮処分を申し立てた。

(4) 裁判所との間で裁判官面接の日程調整が済み，甲は裁判官面接に臨んだ。裁判官は「XA間の賃貸借契約の原本を提示してください」と述べた。甲はXY間の賃貸借契約書（サブリース契約書）の原本は準備していたが，XA間の賃貸借契約書（マスターリース契約書）の原本は持参していなかった。

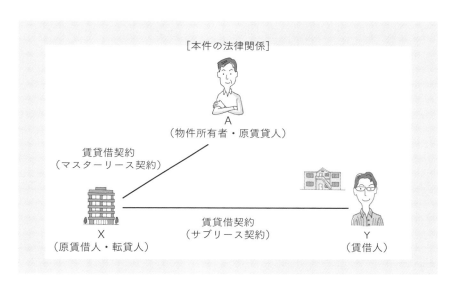

[本件の法律関係]

A
（物件所有者・原賃貸人）

賃貸借契約
（マスターリース契約）

X
（原賃借人・転貸人）

賃貸借契約
（サブリース契約）

Y
（賃借人）

1　問題の所在

　占有移転禁止の仮処分を申し立てた際に，裁判官が債権者と面接して疎明資料を確認したり，担保金の金額を決定したりすることがあります。裁判官面接の際に，被保全債権を疎明するときに注意すべき点は何でしょうか。

2　保全処分における債権者面接

　占有移転禁止の仮処分の発令に先立って，債権者面接が行われる場合，裁判官は債権者に対して申立てに理由があるかにつき疎明を求めます。疎明資料については，東京地方裁判所保全部では，原則として，写しではなく原本調べがなされるという運用が一般的ですが，各裁判所によってその運用は異なります。
　債権者面接をクリアーし，担保金を供託した後に保全処分が発令されますので，甲としては，証拠書類の原本を持参のうえ1回目の債権者面接でクリアーするよう準備を進めるのが理想的です。

3　原本による取り調べ

　仮処分を発令させるためには被保全債権を疎明する必要があります。

　本案の訴訟物としては，本件賃貸借契約の終了に基づく建物明渡請求ですので，本件賃貸借契約の成立につき，本件賃貸借契約の契約書の原本をもって疎明すれば足り，原賃貸借契約の成立を疎明することまでは不要であるとも思われます。

　しかし，たとえば東京地方裁判所保全部では，サブリース契約書に加えてマスターリース契約書をもって賃貸人たる地位の疎明を求める運用も見受けられ，原賃貸借契約の成立を疎明する準備をしておくのが望ましいです。このように，原本による取り調べをするかについては，裁判所ごとに運用が異なるため注意が必要です。

　なお，Ａが所有権に基づきＹに対して返還請求する場合にも，本件と同様にマスターリース契約書とサブリース契約書の両方が疎明資料として必要になるでしょう。

4　陳述書の証拠提出

　また，債務者不特定とする占有移転禁止の仮処分を申し立てる場合，第三者が本件物件に出入りしている状況の写真やビデオ映像まで準備しなくとも，管理会社の担当者などの陳述書を疎明資料として証拠提出することで足りることもあるでしょう。

事例 10-5　担保金を安く抑えるためにはどうすればよいのか

事案の概要

(1)　賃貸人Xと賃借人Yは，マンションの１室につき，使用目的を事務所として賃貸借契約を締結した（以下「本件物件」という）。

(2)　やがてYが賃料の支払いを怠るようになったため，Xは賃料不払いを理由として建物明渡請求を行うこととし，弁護士甲へ依頼した。

(3)　甲の事務員が本件物件を現地調査したところ，本件物件のベランダには洗濯物が干されているなど，居住者がいることが窺われた。

　　そこで，甲は，Yだけではなく，不特定の者が本件物件を占有しているものと判断し，裁判所に対し，Yと不特定の者を債務者とする占有移転禁止の仮処分を申し立てるとの方針を採ることとした。

(4)　仮処分の申立てに際して，Xは甲に対して「うちも苦しいので担保金はなるべく安く抑えてほしいです」との希望を述べた。

[本件の法律関係]

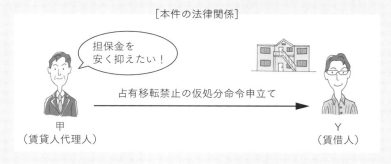

担保金を
安く抑えたい！

占有移転禁止の仮処分命令申立て

甲
（賃貸人代理人）

Y
（賃借人）

1　問題の所在

　占有移転禁止の仮処分の発令のためには，担保金を供託しなければなりません。本件では，依頼者であるXから「担保金をなるべく安く抑えてほしい」との希望がありました。甲としては，どのような方法を取れば担保金を安く抑え

ることができるのでしょうか。

2　担保金の金額はどのように決定されるか

　民事保全では，裁判所の担保決定により，担保金を供託しなければなりません。この担保決定は，裁判官面接などの際に，担当裁判官が担保の金額を算定します。担保金については，ある程度の基準（相場）があり，金額を抑えるのには限界があります。裁判所によって運用が異なるため一概には言えませんが，債務者に占有を許す占有移転禁止の仮処分の担保金としては，居住用の場合は賃料の１～３か月分，店舗の場合は賃料の２～５か月分が一つの目安といえます。その他にも，たとえば，解除事由の疎明が十分かといった個別の事情も担保金の決定に際しては考慮されることとなります。

3　債務者の占有を許すか

　占有移転禁止の仮処分は，仮処分後の占有の扱いについて，以下の３つのパターンがあります。
　　①　執行官に保管させたうえで債務者使用を許す
　　②　執行官に保管させるだけで誰にも使用を許さない
　　③　債務者使用を許さず債権者に使用を許す

　いずれのパターンを選択するかにより，執行費用，仮処分担保金が異なるため，依頼者の意向を確認して事案に応じた判断をする必要があります。賃借人または占有者が執行妨害をするおそれが高くない場合，本件物件を毀損するおそれや，賃貸人が本件物件を直ちに使用する必要までは見受けられないようであれば，担保金を低い金額で抑えるためにも上記①の方法で足ります。

4　債務者の占有を許さないとどうなるか

　本件では，仮に債務者の占有を許さないとしたときには，たとえ発令されても担保金が高額になるので，本件ではXの意向にそぐわないでしょう。

　また，債務者の占有を許すという内容で占有移転禁止の仮処分を申し立てた場合，債権者審尋のみが行われ，債務者審尋は行われないのが通常です。しかし，債務者の占有を許さないという内容で申し立てた場合，裁判所は双方審尋を行うこととなりますので，発令までに時間を要することとなります。

　なにより，双方審尋の場合，債務者は発令前に占有移転禁止の仮処分が申し立てられたことを知ることとなります。要するに，債務者にバレてしまいますので，債務者による執行妨害を呼び起こすリスクを否定できません。また，双方審尋に時間を要しますので，その分本訴の提起も遅れることとなります。早期の明渡しの実現という観点からは双方審尋を避ける方が無難です。

5　双方審尋が役立つ場面はあるか

　先ほどは双方審尋のデメリットを強調する形になりましたが，双方審尋は使い方次第ではとても有用な手段といえます。双方審尋は通常の民事訴訟に比べて期日指定が短く，また，審尋の場で和解することもできるという特性があります。たとえば，Xが甲との和解での早期解決を望んでいるといった事情があるときにはあえて双方審尋となるよう，債務者の占有を許さないという内容で占有移転禁止の仮処分を申し立てる方法もありうるところです。ただし，もし和解が不成立となった場合，保全申立てまたは本訴提起からやり直しになるため，その間に未払賃料がさらに積み上がっていく可能性がある点には注意が必要です。「建物明渡請求」の保全の場面では，双方審尋となるような申立ての方が少ないのが実状ではないかと思われます。

6　賃借人が所在不明なとき

　なお，賃借人が所在不明の場合，呼出しができず，双方審尋を実施できません。たとえ，裁判所が双方審尋を実施しないと判断したとしても，今度は送達の問題が起きます。事実上，賃借人が所在不明なときには，債務者使用を許さず債権者に使用を許すという内容での仮処分は困難といえるでしょう。

Case Study
事例
10-6

仮処分の執行に立ち会うか

事案の概要

(1) 賃貸人Xと賃借人Yは，マンションの1室（以下「本件物件」という）につき，賃貸借契約を締結した（以下「本件賃貸借契約」という）。

しばらくしてYが賃料の支払いを怠ったことから，Xは賃料不払いを理由として建物明渡請求を行うこととし，弁護士甲へ依頼した。

(2) 甲は，Yに対し，未払賃料の支払いを求めるとともに，催告期間が経過しても支払いがない場合には本件賃貸借契約を解除する旨の通知書を，内容証明郵便と特定記録郵便の2つの方法で発送した。

内容証明郵便及び特定記録郵便の両方が宛所不明で返送され，Yに到達しなかった。

甲の事務員が本件物件を現地調査したところ，本件物件の郵便ポストには，全く予期せずして，Yとは別人のZ宛のガス利用明細書や電力会社の請求書等が在中していた。甲が弁護士としての職務上請求によりZの住民票を取得したところ，本件物件の所在地がZの住民票上の住所地であることが判明した。

(3) 甲は，Yだけではなくて本件物件を占有していると思われるものの占有者が誰なのか判然としないため，裁判所に対し，YとZを債務者とする占有移転禁止の仮処分を申し立てた。

仮処分の発令を受けて，甲は執行官室へ保全執行の申し立てをした。執行官は，甲と協議のうえ執行日を決定した。甲は，仮処分の執行に立ち会うこととした。

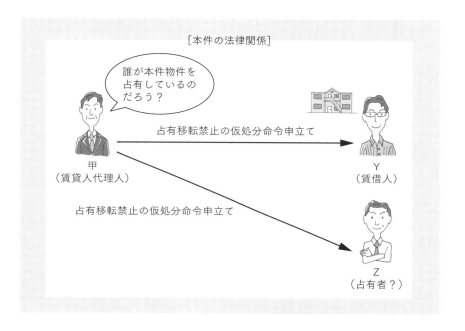

[本件の法律関係]

誰が本件物件を
占有しているの
だろう？

甲
（賃貸人代理人）

占有移転禁止の仮処分命令申立て

Y
（賃借人）

占有移転禁止の仮処分命令申立て

Z
（占有者？）

1　問題の所在

　本件では，催告のための通知が返送されたことを端緒として予期せぬ占有者
が登場しました。甲としては，本件物件の占有者が誰なのか確信が持てないた
め，占有移転禁止の仮処分を申し立てました。仮処分の執行に立ち会うことで
どのような利点があるのでしょうか。

2　保全執行の申立て

　債権者代理人が担保金を供託して裁判所が占有移転禁止の仮処分を発令する
に至ったときには，引き続いて，債権者代理人は執行官に対して保全執行の申
立てをしなければなりません。保全執行は債権者に保全命令の決定正本が送達
されてから２週間以内に行う必要があります（民事保全法43条２項）。この期
間を過ぎた場合，せっかく保全命令を得ても保全執行ができなくなります。保

全命令を受け取ったら，速やかに保全執行の申立てをする必要があります。

占有移転禁止の仮処分の執行については，2週間以内に執行の完了にまで至らなくても，執行官が執行に着手していれば足りるものとされています。しかし，手続きに疑義が生じるリスクをなるべく除外しておく方が好ましいため，甲としては，できる限り仮処分の執行日が2週間以内に設定されるよう執行官や執行補助業者と協議するのが適切といえます。

3　保全執行の申立てのための委任状

保全執行の申立ての際には，執行官へ債権者からの委任状を提出しなければなりません。保全執行の申立てに先立って，仮処分の申立てのときに裁判所へ委任状を提出していますが，その委任状がそのまま転用されるわけではありません。甲としては，あらかじめ債権者であるXに委任状を3通作成してもらうことで，時間を短縮することができるでしょう（保全執行の申立ての委任状，仮処分の申立ての委任状，訴訟委任状）。

4　占有移転禁止の仮処分における占有者の認定

執行官は占有移転禁止の仮処分の執行のために物件に直接赴いて，広汎な裁量権により占有者などを認定します。執行官はその旨を記載した仮処分調書を作成し，同調書には「占有関係調査表」が添付されます。

占有関係調査表には，物件の状況，占有範囲，占有者，参考事項が記載されます。

上記のうち参考事項とは，以下の具体的なチェック項目，及び現場の状況等を総合勘案して執行官が物件の状況，占有範囲，占有者を判断した理由のことをいいます。これらのチェック項目を見ても，執行官が占有認定につき広汎な裁量権を有していることが分かるかと思います。

①　郵便受けの表示

②　表札の表示

③　債務者宛の郵便物の存在

④　債務者宛の公共料金関係書類（電気・ガス・水道）の存在

⑤　債務者（債務者本人・債務者方在室者・債務者会社代表者・その他）の陳述

⑥　⑤の要旨

⑦　債権者（代理人）の陳述

⑧　債務名義の存在

⑨　一件記録の資料

5　仮処分の執行に立ち会う利点

特に注目に値するのは，⑤債務者の陳述，⑦債権者（代理人）の陳述ではないでしょうか。

⑤については，たとえば，執行官は，執行時に債務者が不在であったとしても，債務者に架電するなどして債務者から直接聴き取りをします。この際，債権者申立人代理人が仮処分の執行に立ち会っていれば，代理人はその場で債務者の連絡先を執行官に伝えることが可能です。

また，⑦についても，債権者申立人代理人が立ち会っていれば，代理人は執行前までの任意交渉の状況や現地調査の結果などにつきその場で執行官に伝えることができます。

このように，債権者申立人代理人が立ち会うことでスムーズな占有認定が進む余地が生まれます。代理人としては，書面・証拠書類の記録一切を持参して執行に立ち会うのが望ましいものといえます。

第 **11** 章

民事執行手続き

Case Study 事例 11-1　執行官との打合せ

事案の概要

(1) 賃貸人株式会社Xと賃借人Yはマンションの1室につき，賃貸借契約を締結した（以下「本件物件」という）。しばらくしてYが賃料の支払いを怠ったことから，Xは賃料不払いを理由として建物明渡請求を行うこととし，弁護士甲へ依頼した。依頼を受けた甲はYに対する建物明渡請求訴訟を提起した。裁判所は，請求認容判決を言い渡し，その後，Yは控訴することなく，判決が確定した。

(2) 甲は執行官室に対して建物明渡強制執行を申し立てた。申立て後，Xは執行官との打合せを行うこととなった。

[本件の法律関係]

執行官とは何を打合せするのか？

建物明渡強制執行の申立て

甲
（賃貸人代理人）

Y
（賃借人）

1　問題の所在

　強制執行の申立後，執行の手順について執行官との間で打ち合わせすることがあります。この際，甲としてはどのような準備をしておくのが良いのでしょうか。

2　執行官との打合せ

　申立人債権者は，強制執行の申立て後，執行官との間で強制執行の段取りに

ついて打合せすることになります。

　執行官との打合せは電話で済ませることが一般的です。東京地方裁判所執行官室ではかつて「執行官面接」が実施されていましたが，現在はこの運用は採られていません。

┃ 3　執行官との打合せ事項

　執行官との打合せでは，たとえば，以下のことを確認することになります。

① 　明渡催告の日程調整

② 　債務者の状況（居住の有無，同居人の有無，粗暴性の有無など）

③ 　物件の状況（残置物の有無など）

④ 　訴訟の状況（付郵便なのか公示送達なのかなど）

⑤ 　執行補助業者の選択

⑥ 　警察上の援助要請の要否

　特に，債務者に関する情報については，円滑な強制執行に有用なことが多く，詳細なほど良いです。申立てと同時に「債務者等に関する調査票」を提出するとなお円滑です。

Case Study
事例
11-2　執行補助業者をどう選択するか

事案の概要

(1)　賃貸人株式会社Xと賃借人Yは，3LDKのマンションの1室（以下「本件物件」という）につき，賃貸借契約を締結した（以下「本件賃貸借契約」という）。

　　ところが，しばらくしてYが賃料の支払いを怠ったことから，Xは，賃料不払いを理由として建物明渡請求を行うこととし，弁護士甲へ依頼した。

　　依頼を受けた甲は，Yに対する建物明渡請求訴訟を提起した。裁判所は，請求認容判決を言い渡し，その後，Yは控訴することなく，判決が確定した。

(2)　甲は，引き続き，本件物件の建物明渡強制執行を申し立てる準備を進め，Xに対し，強制執行に要する費用の見積書を提出した。

　　すると，賃貸人Xより，「執行補助業者の費用が高いのではないか。自社のグループには運送会社であるZがあるので，Zを執行補助業者としたい。残置物の保管場所もZの倉庫を使う」との意向が示された。

　　甲は，Xの意向に従い，Zを執行補助業者とすることとし，建物明渡強制執行を申し立てた。

　　申立て後，Xは，執行官室において，執行官と執行官面接を行ったところ，執行官は，明渡しの催告日を指定するとともに，甲に対し，「執行補助業者はZではなく，執行官室の指定登録業者から選択してほしい」と述べた。しかし，甲は，Xの意向があったことから，「Zを執行補助業者としたい」と回答し，執行官はこれを了承した。

(3)　執行官は，Yに対し，明渡しを催告し，明渡催告にはZも同行した。本件物件は3LDKであり，家財がそのままであり，断行時に，多数の残置物が存在することが予想された。執行官は，Zに対し，断行時の残

　　置物を搬出する準備をしっかり進めてほしいと頼んだ。

(4)　やがて断行日を迎えた。ところが，Zは，人足2名と軽トラック1台を用意しただけであり，残置物の搬出には不十分な準備をしたのみであった。断行に着手したものの，必要な人足が足りず，遅々として搬出作業が進まないため，執行官までも搬出作業を手伝ったものの，トラックに物件内の残置物を積み切れず，保管場所までピストン輸送することになった。

[本件の法律関係]

甲
（賃貸人代理人）

執行補助業者をどうやって選ぶのか？

建物明渡強制執行の申立て

Y
（賃借人）

1　問題の所在

　建物明渡の強制執行の際に，執行官自身が荷物を運び出すわけではありません。実際の作業を担うのは執行補助業者です。そのため，執行官の立場からすると，熟練の執行補助業者を選んでほしいところでしょう。申立代理人としては，どのような基準で執行補助業者を選択するのが良いのでしょうか。

2　執行補助業者を準備するタイミング

　執行官は執行行為等をするに必要があるときは補助者を使用することができます。申立人債権者は，強制執行の申立ての時点で，あらかじめ執行補助業者を準備しておくのが理想的です。自前であらかじめ手配しておくと，執行補助業者が物件の下見をしてくれることもあります。

執行補助業者をどの段階で準備するかについては各地の裁判所によって運用が異なります。たとえば，明渡催告の段階から執行補助業者を準備することが必要とされることもあれば，断行の段階で初めて執行補助業者を準備する運用を採る執行官室もあります。

3 執行補助業者の選択

執行補助業者についてはどのような事由を考慮して選択することが考えられるでしょうか。

各地の裁判所の執行官室には執行補助業者として適任である業者を取りまとめた指定登録業者の名簿がありますので，その名簿から選択することが考えられます。指定登録業者だけに執行補助業者となる資格が限られるわけではありませんが，執行補助業者の業務は誰にでもできる性質の仕事ではなく，専門性の高い業者を選択するのが安全であるのはもちろんであり，指定登録業者であれば一定の水準に適合しているといえるでしょう。

指定登録業者以外の業者を選択する場合，たとえば，以下の要素を考慮して吟味することになります。

① 人足や運搬車両を手配し，断行時に円滑に物件内の残置物を搬出できること

② 鍵屋を準備できること

③ 残置物の保管場所を確保していること

④ 残置物を処分するノウハウを有していること

執行官は1日にいくつもの執行手続きを予定しているのが通常ですので，迅速に建物明渡強制執行を完了することが要請されます。そのため，明渡催告時に，執行補助業者が同行し，物件内を見て目的外動産の様子を確認し，断行時に必要な人足等を算出するといったノウハウが必要であり，こうしたノウハウを有していることが強制執行にとって有用であることは明らかです。

残置物の処分についても，特殊なノウハウが必要となるケースが多くありま

す。たとえば，残置物の中にプライバシーに関わるような書類がある場合，これを溶解して処分しなければなりません。賃借人がペンキ屋を営んでいる場合には揮発性のペンキを適切に処分できなければなりません。費用が極端に低い業者は費用を抑えることに腐心するあまり，これらを適切に処理していない可能性も残念ながら否定できません。

4　自前での執行補助業者の準備

執行費用は執行補助業者の見積もりに大きな影響を受けます。特に，賃料保証会社による保証契約が締結されていない場合には，賃貸人は賃料保証会社から執行費用の填補を受けられず，申立人債権者たる賃貸人に執行費用の負担が重くのしかかります。そのため，申立人債権者が執行費用をなるべく抑えたいと考えるのは自然なことであり，本件のように，自前で運送業者などを執行補助業者として準備することもしばしば見受けられるところです。ただし，自前で選択した執行補助業者に十分な能力がなかった場合，執行不能となるリスクがあるので注意が必要です。

また，依頼者によっては，上述のような執行官室での運用に関わりなく，少しでも執行費用を抑えるために，明渡催告の段階では執行補助業者を準備せずに断行の段階になって始めて執行補助業者を準備してほしいと求めるようなケースもあり，そのような場合には執行官面接の際に事情を説明して執行官の理解を得るべきです。

鍵屋は必須なのか

事案の概要

(1) 賃貸人Xと賃借人Yは、屋外駐車場を1区画につき、月極で、賃貸借契約を締結し、Yは本件物件に自動車1台を駐車した（以下駐車場を「本件物件」といい、自動車を「本件車両」という）。

　　ところが、しばらくしてYは賃料の支払いを怠ったことから、Xは賃料不払いを理由として本件車両の収去及び土地明渡請求を行うこととし、弁護士甲へ依頼した。

　　依頼を受けた甲はYに対する本件車両の収去及び土地明渡請求訴訟を提起した。裁判所は請求認容判決を言い渡し、その後、Yは控訴することなく、判決が確定した。

(2) 甲は、引き続き、本件車両の収去及び本件物件の建物明渡強制執行を申し立てて、明渡催告に立ち会った。

　　明渡催告の際、執行官に同行した鍵屋が本件車両を開錠し、執行官がダッシュボードの車検証を確認したところ、車検証の所有者欄にはYの氏名が記載されていなかった。

　　そのため、執行官は甲に対して「駐車場については、第三者占有の可能性があり、執行不能になるかもしれない」と述べた。

　　しかし、本件車両内をさらに調査したところ、Yの氏名が記載されたヘルメットと作業着が発見されたため、執行官は、Yにつき本件車両の所有者ではなく、本件車両の使用者であり、使用者として本件物件を占有しているものと判断した。

　　その後、明渡催告期間が経過して断行するに至り、執行補助業者はレッカー車で本件車両を保管場所まで引っ張っていった。こうして、本件車両の収去及び本件物件の明渡しが完了した。

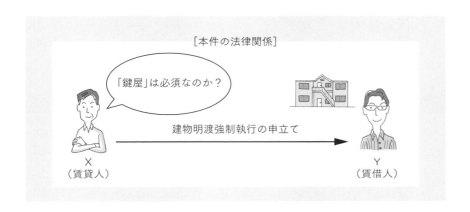

［本件の法律関係］

「鍵屋」は必須なのか？

建物明渡強制執行の申立て

X
（賃貸人）

Y
（賃借人）

1　問題の所在

明渡催告の際に執行官は本件車両の占有者を確認することになりますが，自動車のドアには鍵が掛かっているのが通常です。本件では車両の収去を請求しているのであり，執行官には本件車両を収去（撤去）する権限はあっても本件車両を破壊することはまずなく，本件車両のドアのガラスを割って内部を確認することはありません。このような不都合を解決するためにも，鍵屋は強制執行の現場には欠かせない存在です。

2　鍵屋は必要不可欠

鍵屋は執行を補助する技術者として必要不可欠な存在であるといえます。そのため，鍵屋は断行時のみならず，明渡催告時にも同行するのが通常です。

管理会社が保管する合鍵を用いて物件を開錠できるならば，鍵屋は何ら作業をすることなくそのまま帰りますが，同行すれば日当1万5,000円くらいが発生します。そのため，申立人債権者の中には断行時はともかくとして，明渡催告時に鍵屋を同行することを嫌気することがしばしば見受けられます。

しかし，管理会社が保管する合鍵で物件を開錠できない場合，執行官が同日の執行手続きを中止し，結局，明渡催告を2回行わなければならない可能性もあります。

そうすると、執行官や執行補助業者の日当も二重に発生しますので、予納金の再納付が必要になる可能性もありうるため、明渡催告であっても鍵屋を同行するのが望ましいものといえます。

▌3　執行不能のリスク

駐車場の使用契約に際して、月極のように比較的期間の長い契約形態では、管理会社は駐車車両の車検証のコピーを保管することが実務上多いでしょう。しかし、あくまでも管理会社次第なので、車検証のコピーが保管されているとは限りません。また、短期使用を前提とする契約形態の場合、管理会社は車検証の確認までは行わないのが通常です。

甲としては、車検証のコピーを確認できない場合には、事前に弁護士会照会で自動車登録事項証明書を取得しておくのが望ましいでしょう。

とはいえ、譲渡や担保設定などの諸事情により自動車の所有権者が変更されていることもままあるため、債務名義取得の時と強制執行申立の時とで自動車の所有者が一致しないこともあるでしょう。このような場合、執行不能となるリスクがあります。

本件では、執行官は本件車両の使用実態を考慮して本件車両の占有者をYと認定しました。結果オーライの面もありますが、甲としては冷や汗ものだったでしょう。

残置物の保管はどうすればよいか

事例 11-4 Case Study

事案の概要

(1)　賃貸人株式会社Xと賃借人Yは，3LDKのマンションの1室につき，賃貸借契約を締結した（以下「本件物件」という）。

　　ところが，しばらくしてYが賃料の支払いを怠ったことから，Xは弁護士甲へ依頼し，Yに対する建物明渡請求訴訟を提起した。裁判所は請求認容判決を言い渡し，その後，Yは控訴することなく，判決が確定した。

(2)　Xは「うちのグループ会社Zに引越し業者があるから，執行補助業者はそこにしてほしい。強制執行はやったことがないけれど大丈夫だから」との意向であった。甲は，Xの意向に従い，Zを執行補助業者とすることとし，建物明渡強制執行を申し立てた。

(3)　その後，執行官は，Yに対し，明渡しを催告し，明渡催告にはZも同行した。本件物件は3LDKであり，Yが家財を持ち出した形跡もなかったことから，断行時に，多数の残置物が存在することが予想された。執行官は，Zに対し，断行時の残置物を搬出する準備をしっかり進めてほしいと頼んだ。

(4)　残置物の搬出完了後，執行官は，Zに対し，残置物の保管品目録を提出するよう求めたものの，Zは搬出時に目録を作成していなかった。

　　そこで，Zは執行官から保管品目録の雛形の交付を受けて，急いで保管場所の倉庫へ向かい，1つ1つの保管品を確認して保管品目録を作成した。

　　Zは保管品目録の雛形に残置物の価額欄があることに気付いたが，具体的にいくらを記載するのか全く分からなかったため，保管品の1つ1つに適当に金額を付けた。

　　保管品目録を作成した後，Zは弁護士甲へ保管品目録を送付し，保管

品の価額が妥当なのかどうか問い合わせをした。

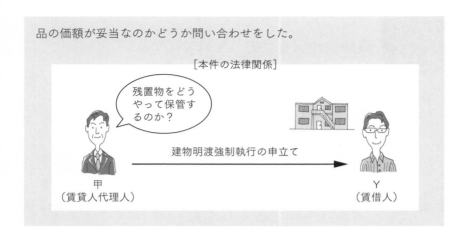

[本件の法律関係]

残置物をどうやって保管するのか？

建物明渡強制執行の申立て

甲
（賃貸人代理人）

Y
（賃借人）

1 問題の所在

　自前で選択した執行補助業者に十分な能力がなかった場合，最悪には執行不能となるリスクがあります。手練れの執行補助業者であればそのような事態は起きないでしょうが，本件では残念ながらＺは残置物について保管品目録をきちんと作成することができませんでした。保管品の扱いについて確認したいと思います。

2 残置物（目的外動産）について

　建物明渡強制執行は，債務者たる賃借人その他の占有者による建物の占有を解いて，債権者たる賃貸人による占有を移転させることを目的としています。

　そのため，断行の際に物件内に賃借人の所有する動産（冷蔵庫や本棚などの家財）が残されていたとしても，断行によりその所有権が債権者には移転することは目的ではなく，なお残置物の所有権は債務者にあります。

　そこで，残置物（目的外動産）については，即日断行とならない限り，段ボールなどで梱包し，保管場所で一定期間保管したうえで廃棄処分または売却処分することとなります。あくまでも，保管期間の経過後に処分するものであり，経過前に売り渡すことはできず，保管期間中に債務者が引渡しを求めれば

引き渡す必要があります。また，申立人債権者において保管場所を準備する必要があるうえ，保管期間経過後の処分についても債権者の負担となります。

3　保管品目録の作成

　執行官が残置物につき保管するべきものと判断した場合，執行調書には残置物の保管品目録が添付されます。手練れの執行補助業者は断行時に残置物を物件内から保管場所に搬出しつつ保管品目録をその場で作成し始めて，断行完了時には作成を完了しており，その場で執行官に保管品目録を交付するなど，鮮やかな手順を見せます。

4　保管品の価値の算定

　保管品目録には個々の保管品の価額が記載されるため，執行補助業者は保管品を搬出する際は，搬出するごとに1つ1つ金額を付けることとなります。保管品の価額には相場があり，たとえば，45インチのテレビであっても製造年度が5年前であれば既に減価償却されたものと判断し，1,000円程度と評価することなどがあります。一人暮らしのワンルームであれば保管品の総額としてはせいぜい数千円から1万円程度であり，高くとも3万円くらいに収まるのが通常です。もっとも，大理石の机や革張りの高級ソファーなどの高級家具などについては低額を付けることはできません。

5　保管品の処分

　申立人債権者によっては保管品に高い金額を付けようとすることがあります。こうした行動の動機としては，保管品目録記載の価額が売却処分における最低入札価格になるため，売却処分時により高い買受金が付くのを期待していることにあるようです。しかし，残置物を売却処分するとしても，実際にはほとんど業者が買いに来ることはありません。どうしても買い受けたい物があれば他の業者を排除するためにあえて高い価額を付けることもありうるところですが，一般的には，最低入札価格が高いほどかえって入札がない傾向にあります。

残置物の保管費用を抑えたい

事案の概要

(1) 賃貸人Xと賃借人Yは，マンションの1室につき，賃貸借契約を締結した（以下「本件物件」という）。

　ところが，しばらくしてYは賃料の支払いを怠ったことから，Xは賃料不払いを理由として建物明渡請求を行うこととし，弁護士甲へ依頼した。

　依頼を受けた甲はYに対する建物明渡請求訴訟を提起した。裁判所は請求認容判決を言い渡し，その後，Yは控訴することなく，判決が確定した。建物明渡請求訴訟の結果，債務名義を取得したため，甲は本件物件の建物明渡強制執行を申し立てた。

(2) 明渡催告を経て，断行期日を迎えたものであったが，本件物件内にはYの残置物（動産）が多数あったことから，執行官は残置物を保管したうえで売却処分とすることとし，甲に対し，断行日までに保管場所を準備するよう指示した。

(3) 甲が保管場所についてXに尋ねたところ，Xより「保管費用がかかるくらいなら，残置物を本件物件でそのまま保管してほしい」との意向が示された。

[本件の法律関係]

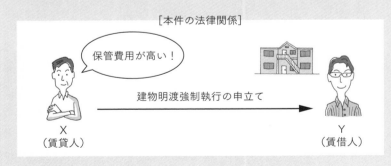

保管費用が高い！

建物明渡強制執行の申立て

X
（賃貸人）

Y
（賃借人）

1　問題の所在

　強制執行を申し立てて明渡催告を行う段階に至ると，賃借人もいよいよ観念して物件から退去することもあるでしょう。しかし，賃借人によっては自分に必要な物だけを持ち出して，不要な家具など動産類を物件内に残していくことが多々見受けられるところです。このような残置物の所有権は賃借人にあるため，賃貸人が軽々に処分したときには許されない自力救済となるリスクがあります。そのため，当面は残置物を保管せざるを得ません。この保管費用が執行費用を押し上げることが多く，如何にして費用を抑えるかを検討することが重要となります。

2　目的外動産の保管場所の準備

　建物明渡しの強制執行の対象はあくまでも建物（不動産）であり，賃借人が建物内に残している残置物（目的外動産）については，直接の執行対象ではありません。そのため，執行官は残置物のうち債務者への引渡しや即日売却等をしなかったものがあるときは，残置物の売却期日を指定し，残置物を売却することができます。このような場合，申立人債権者は売却期日までの間の残置物の保管場所を準備しなければなりませんが，自前で保管場所を用意できなければ倉庫を借りざるを得ず，その場合には保管費用が発生します。

3　目的外動産の現場保管

　残置物の保管場所については，民事執行法上，保管場所について明確に定めた規定が見当たらず，執行官の裁量に委ねられています。そして，債権者の承諾があれば，残置物を他所に搬出することなく，執行場所においてそのまま債権者が保管するという運用が採られることが実務上珍しくありません。

　そこで，甲としては，保管費用がかかるくらいなら残置物を本件物件でそのまま保管してほしいとのXの意向を踏まえるならば，執行官に対し，目的外動産が引き取られまたは売却処分されるまで，引渡しを受けた本件物件を使用し

ないことを誓約し，目的外動産の現場保管の上申書を提出することとなるでしょう。

　上申の際には，保管費用がいくらなのかを明らかにするための保管費用明細書や保管料支払いの領収書を併せて提出します。保管費用については，保管期間に応じて本件物件の1か月分の賃料を基準に日割り計算するのが通常です。

4　目的外動産の買取りと廃棄処分

　執行補助業者によっては保管場所を確保しており，債権者自身に保管場所の当てがないときには執行補助業者と相談することで解決策を見い出せることもあるものと思います。また，執行補助業者等に残置物を買い取ってもらい，そのまま執行補助業者に廃棄処分してもらうことも考えられるところです。

5　売得金からの保管費用の支払い

　執行費用については，本来，債務者が負担するべきものですので（民事執行法42条1項），本件物件において残置物を保管するのであれば，甲は執行官に対し，目的外動産を売却した際の売得金から保管費用を支払うよう上申することができます。

Case Study
事例
11-6

残置物の売却処分で費用を回収したい

事案の概要

(1) 賃貸人Xと賃借人Y株式会社は，マンションの１室につき，賃貸借契約を締結した（以下「本件物件」という）。

　　ところが，しばらくしてYは賃料の支払いを怠ったことから，Xは賃料不払いを理由として建物明渡請求を行うこととし，弁護士甲へ依頼した。

　　依頼を受けた甲はYに対する建物明渡請求訴訟を提起した。裁判所は請求認容判決を言い渡し，その後，Yは控訴することなく，判決が確定した。建物明渡請求訴訟の結果，債務名義を取得したため，甲は本件物件の建物明渡強制執行を申し立てた。

(2) 明渡催告を経て，断行期日を迎えたものであったが，本件物件内にはパソコン等のYの残置物（動産）が多数あったことから，執行官は残置物を保管したうえで，売却処分することとし，執行補助業者は残置物を保管場所に搬出した。

(3) すると，甲はY社の元従業員を名乗るZより受電した。Zは「本件物件内にあるパソコンを引き取りたい」との意向を示した。

[本件の法律関係]

売却処分で少しでも費用を回収したい！

建物明渡強制執行の申立て

X
（賃貸人）

Y
（賃借人）

1　問題の所在

　賃借人が断行されるまで一切の日用品を持ち出さずに強制執行に抵抗したというような例外的な事案を除いて、賃借人が物件内に残していく物は不用品であることが多く、わざわざ保管期間中に賃借人が残置物を引き取りに来ることは稀です。そのため、執行官は保管期間経過後に残置物を売却処分に付するのが大半でしょう。

2　残置物の売却処分と買取業者

　執行官が残置物を売却処分する場合、競売に付し、執行官室に競売に関する掲示がなされます。会社のオフィスとして物件が使用されている場合、デスク・椅子などの事務用品があるため、いわゆる「バッタ屋」が競売に参加することもありますが、個人が物件を居住目的などで使用している場合、バッタ屋が来ることも稀であり、債権者自身が買い取って、執行補助業者を通じて廃棄することが多いでしょう。

3　残置物の一括売買

　複数の残置物が競売に掛けられる場合、個々の動産ごとに売買するのではなく、残置物を一括して売買するのが通常です。買受人は保管品を一括してまとめ買いしなければならず、保管品の一部だけを選択して入札するというわけにはいかない点にも留意する必要があります。

4　残置物の処分権限が債権者にはない

　物件に残された動産の所有権については、売却処分になるまで、賃借人が有するものであり、申立人債権者にあるものではありません。そのため、申立人債権者自身が残置物を買い受けるのでない限り、申立人債権者には残置物をＺに売却する処分権限がそもそもありません。

　Ｚが本件物件内にあるパソコンを引き取りたいのであれば、まずはＺ自身が

競売に参加して買い受ける方法が考えられます。また，買受業者による目的外動産の転売が禁止されるものではありませんので，Ｚとしては，買受業者からパソコンを購入すれば足ります。

高価な残置物が出てきた

事案の概要

(1) 賃貸人Xと賃借人Yは，物置用のコンテナトラックの1室につき，賃貸借契約を締結した（以下「本件物件」という。なお，便宜上本件物件を建物とする）。

　ところが，しばらくしてYは賃料の支払いを怠ったことから，Xは賃料不払いを理由として建物明渡請求を行うこととし，弁護士甲へ依頼した。

　依頼を受けた甲はYに対する建物明渡請求訴訟を提起した。裁判所は，請求認容判決を言い渡し，その後，Yは控訴することなく，判決が確定した。

(2) 甲は，引き続き，本件物件の建物明渡強制執行を申し立てた。

　すると，執行官は，甲に対し，強制執行への立ち会いを要請した。聞けば，Yは地元で名の知れた筋者であるので，銃砲や違法薬物などが残置されている可能性があるとのことであった。

(3) 執行官は，甲の立ち会いの下，本件物件の明渡催告を行い，本件物件のシャッター式のドアを開錠し，残置物の有無を確認した。本件物件内より，仏像などの骨董品と思しき美術品が出てきた（以下「本件動産」という）。

　執行官は，後日のトラブルを防止するため，明渡催告の段階ではあったものの，残置物の目録を作成することとした。

　その結果，執行官は本件動産については「名もない人の作品である」とし，高価品として動産の評価を行わないこととし，明渡催告を終了した。

(4) ほどなくして，Yは断行前に本件動産を全て持ち出した。持ち出しについては任意の手続きなので，執行官は立ち会わず，甲の事務員と執行

補助業者が立ち会い，搬出が完了した後，甲はYより本件物件の鍵の引渡しを受けた。

　甲は，翌日，強制執行の申立てを取り下げた。

[本件の法律関係]

1　問題の所在

　稀ではありますが，物件内から仏像や絵画など高価品と思しき物が残置されていることがあります。高価品の売却処分については，通常の残置物の売却処分とは手続きが異なるため，細心の注意を払う必要があります。売却処分は執行官の職務ですので，甲としては，執行官の現場判断をサポートする姿勢が重要となるでしょう。

2　高価な動産の売却処分

　執行官は目的外動産を債務者等に引き渡すことができないときは，これを売却することができます（民事執行規則154条の2第3項）。

　しかし，目的外動産のうち高価な動産については，民事執行規則154条の2第3項の規定を適用せず（民事執行規則154条の2第4項），動産執行における高価な動産の売却の方法によらなければなりません。

3　差押禁止動産の売却処分

　目的外動産が仏像や祭祀に供する品などの差押禁止動産であっても，執行官の裁量により売却することが許されます。本件動産が差押禁止物であるかどうかは本件の執行手続きに影響しません。

4　評価人の選任

　執行官は高価な動産を差し押さえたときには，評価人を選任し，その動産の評価をさせなければなりません（民事執行規則111条１項）。評価人の資格などについては格別制限はありませんが，適正な評価を成しうる専門的知識を有する者を選任すべきものです（最高裁判所事務総局民事局監修『執行官提要〔第５版〕』（法曹会，2008）181頁）。強制執行においては，執行補助業者が同行するのが通常ですが，執行補助業者には美術品の価額を評価することはできないのが一般的でしょう。このように，残置物に高価な動産が含まれるときには手続きが複雑化していきますので注意が必要です。とはいえ，債務者たる占有者が高価な美術品を置いていくことはまず考え難く，断行を待つまでもなく持ち出すはずであり，残置物に高価品があることは稀です。

5　執行官の機転

　断行の際に，残置物を搬出しつつ保管品目録の作成を行うのが一般的です。
　しかし，本件では，執行官は，後々，明渡催告時に残置物が紛失したといった執行異議をＹが申し立てる可能性を考慮してか，断行に先立つ明渡催告時に保管品目録をあらかじめ作成し，残置物の金額的な評価を（一応）行い，ひとまず本件動産を高価な動産に当たらないものと判断しました。
　このことは明渡催告完了後にＹも認識するところであり，その結果，Ｙは断行に至ったならば本件動産を売却されてしまう可能性があるため，（素直に）本件物件を任意に明け渡したものと思われます。執行官の機転が光る事案ではないでしょうか。

事例
11-8

即日断行することになった

事案の概要

(1)　賃貸人Xと賃借人Yは，マンションの1室につき，賃貸借契約を締結した（以下「本件物件」という）。

　　ところが，しばらくしてYは賃料の支払いを怠ったことから，Xは賃料不払いを理由として建物明渡請求を行うこととし，弁護士甲へ依頼した。

　　依頼を受けた甲はYに対する建物明渡請求訴訟を提起した。裁判所は請求認容判決を言い渡し，その後，Yは控訴することなく，判決が確定した。

(2)　甲は，引き続き，建物明渡強制執行を申し立てて，甲の事務員が明渡催告に立ち会った。

　　明渡催告の際，執行官が本件物件に立ち入ったところ，本件建物には占有者の荷物がほとんどなく，寝具はなく，冷蔵庫内の食料が腐っていた。また，電気・ガス・水道については供給を停止した旨の札が付いていた。

　　そこで，執行官は，明渡催告日において，Yに残置物を引き渡すことができる見込みがないものと判断し，残置物につき即時売却の決定をした。

　　甲の事務員は，その場で，残置物につき債権者たるX自身が買受希望者となることとした。そして，同日，執行補助業者により，残置物が搬出され，その後，廃棄処分された。こうして本件物件の明渡しが完了した。

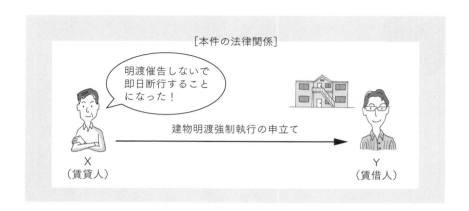

[本件の法律関係]

明渡催告しないで
即日断行すること
になった！

建物明渡強制執行の申立て

X
（賃貸人）

Y
（賃借人）

1　問題の所在

　本件で執行官は，明渡催告をせずに，即日断行するとの判断をしました。即日断行となった場合，本件物件内の残置物はどのような扱いとなるのでしょうか。

2　明渡催告

　執行官は，建物明渡強制執行の際，明渡催告を行い，断行までの間に2週間から1か月間程度を目安に，賃借人に退去するための猶予期間を設けるのが通常です。事案によっては，執行官はさらに明渡催告期間を2週間から1か月間程度延長することがあります。申立人代理人としては，その都度，執行補助業者と協議して，断行の手順を調整していくこととなります。

　賃借人側からすると，いきなり荷物を放り出されると生活がままならなくなりますので，生活再建のための重要な機会の提供となります。他方，賃貸人側からすると，もし賃借人が物件内の荷物を自発的に持ち出して退去するならば，断行による執行費用を抑えられるかもしれません。当事者双方に利点のある制度といえるでしょう。

3　明渡催告の期間設定

　明渡催告の際に債務者が不在であったとしても居住の形跡があったときには，執行官は明渡催告期間を設けて断行日を指定します。この際，ライフラインが停止しているのであれば，執行官との間で，たとえば断行日を2週間後に指定してもらうなどの協議をすることはありうるところです。

4　即日断行

　建物明渡強制執行の流れとしては，明渡催告をし，催告期間が経過した後に，断行すなわち強制執行が行われるというのが一般的です。

　もっとも，執行官が明渡催告時に物件に立ち入った際，債務者が物件を占有していないことが一見して明白である場合，執行官は明渡催告日に断行するとの判断をすることがあります。

　このような判断は，「即日断行」とでもいうべきものであり，明渡しの完了が早まるうえ断行の際の執行補助業者への費用がかかりませんので，債権者にとっては実に有り難いものです。

5　即日断行をする際の判断要素

　どのようなときに執行官が明渡催告日に断行するかについては，事案に応じた具体的な事情の中での判断になるため一概にはいえませんが，たとえば，以下のような事情が考えられます。

① 物件内に埃が溜まっていて居住の形跡がなく，既に退去していると判断される。占有者の荷物がほとんどなく，荷物が多少あっても，寝具（ベッド・布団）などの生活必需品がない。冷蔵庫内の食料が腐っており，賞味期限切れのパンがある。

② ライフラインが停止している。電気・ガス・水道のメーターが止まっており，しかも，電力会社等により供給を停止した旨の札が付いている。

6 即時売却の決定

　即時売却の決定とは，執行官が，明渡催告を実施した際に物件内に残置物があり債務者に引渡しができなかったときに，断行日に物件において，残置物を売却する旨の決定をすることをいいます。即時売却の決定がなされた場合，債権者が買受希望者となり，かつ，直ちに残置物の搬出が可能であれば，債権者の費用負担により残置物を搬出後にそのまま廃棄処分するといった方法を採ることができます。この場合には保管費用もかかりませんので執行費用を抑えることができます。即時売却の決定もまた，申立人債権者にとって有り難いものといえます。

事例 11-9　所有権放棄の和解条項に頼りたい

事案の概要

(1)　賃貸人Xと賃借人Yは，マンションの1室につき，賃貸借契約を締結した（以下「本件物件」という）。

　　ところが，しばらくしてYは賃料の支払いを怠ったことから，Xは賃料不払いを理由として建物明渡請求を行うこととし，弁護士甲へ依頼し，甲はYに対する建物明渡請求訴訟を提起した。

　　Yは「1か月後に本件物件の明渡しをするので和解したい」との答弁書を提出した。甲がXに和解する意思があるか確認したところ，Xより和解案を受け入れるとの回答があった。

　　甲とYは第一回口頭弁論期日に出廷し，和解成立の1か月後に本件物件を明け渡すとの内容で裁判上の和解をし，和解調書が作成された（以下「本件和解調書」という）。

　　この際，本件和解調書には「債務者は，○年○月○日までに本件物件を明け渡す。本件物件を明け渡したときに，本件物件内に残置した動産は，その所有権を放棄し，債権者が自由に処分することに異議はない」との条項が記載された（以下「本件和解条項」という）。

(2)　しかし，○年○月○日が経過しても，Yは本件物件から退去することはなかった。

　　そこで，甲は本件和解調書に基づき建物明渡の強制執行を申し立てて，甲の事務員が明渡催告に立ち会った。

　　明渡催告の際，本件物件内には居住している形跡があったものの荷物が入った段ボールが多数あったことから，Yが退去する準備をしていることが窺われた。

　　執行官はそのまま明渡催告を完了させ，断行日を定めて引き上げていった。

[本件の法律関係]

「残置物の所有権を放棄する」との和解が成立している！

建物明渡強制執行の申立て

X
（賃貸人）

Y
（賃借人）

1　問題の所在

　本件和解条項には，残置物の所有権を放棄するとの和解条項が定められています。このような場合，残置物を保管して売却するといった手続きを経るまでもなく，Yの残置物をXが処分することができるようにも思えます。甲としては，執行官に和解条項の存在を伝えて残置物の売却手続きを省略することはできないのでしょうか。

2　残置物の所有権を放棄する旨の和解条項

　本件和解条項のような残置物について所有権を放棄する旨の合意は，債務者が任意に明け渡す場合の条項であると解されます（最高裁判所事務総局民事局監修『執行官事務に関する協議要録〔第三版〕』（法曹会，1997）223頁・設問468）。

　したがって，たとえ本件和解条項があったとしても，Yが任意に退去しない限り，本件和解調書に基づく強制執行の際に，執行官は残置物を売却する手続きを取るでしょう。甲としては，断行を避けるためには本件和解条項に頼るのではなく，Yと任意退去交渉をするべきものといえます。

┃ 3　強制執行申立後の任意退去交渉

　甲としては，まずは断行日よりも前に，Yと接触して任意退去を促すことが考えられます。Yが任意退去することで断行を避けることができるので，Xとしても執行費用を負担せずに済みます。

　このような場合，Yが残置物を一切残すことなく本件物件から退去するというのが理想的ではありますが，多少の残置物が残されようともXが自前で処分できる範囲であれば，Yには任意退去してもらうことを優先する方が断行するのに比べて執行費用を抑えることができるため依頼者の利益に適うことになります。

┃ 4　所有権放棄書の作成

　任意退去に際しては，Yより鍵の返還を受けること，退去の際に管理会社等が立ち会うことが肝要です。また，賃借人の退去に際して，残置物の所有権放棄書を作成しておくのが実務上通例ではありますが，本件では，本件和解条項により，債務者が任意に明け渡す場合については残置物の所有権が債権者たるXに移転しているものといえますので，鍵の返還さえあれば所有権放棄書の作成は必須ではありません。もっとも，所有権放棄書を作成しておく方が後日の紛争防止の観点からは理想的です。

　上記のような方法を経ることで，Yが任意退去したことが明らかとなり，かつ，Xは任意退去後の残置物を自由に廃棄処分することができます。甲としては，任意退去の確認後，強制執行の申立てを取り下げることとなるでしょう。

Case Study
事例
11-10
未成年者が取り残されていた

事案の概要

(1) Xは，マンションの1室（以下「本件物件」という）を所有しており，Yより，本件物件を借り受けたいとの申し込みを受けた。聞けば，Yは日本法人に勤務する中国国籍の成人とのことであった。

　仲介会社による審査を経て，XとYは，本件物件につき，賃貸借契約を締結した（以下「本件賃貸借契約」という）。この際，居住者はYであるとの届け出があり，同居人届は提出されなかった。

　しばらくしてYは賃料の支払いを怠ったことから，Xは賃料不払いを理由として建物明渡請求を行うこととし，弁護士甲へ依頼した。

　依頼を受けた甲はYに対する建物明渡請求訴訟を提起した。付郵便送達により訴状の送達が完了した。被告は第一回口頭弁論期日に欠席し，その結果，裁判所は擬制自白により調書判決（以下「本件判決」という）を行った。

　判決正本の送達も付郵便送達により完了し，その後，Yからの控訴はなく，本件判決が確定した。

(2) 甲は本件物件の建物明渡強制執行を申し立てて，その後，執行官による明渡催告に同行した。

　明渡催告日，執行官が本件物件に立ち入ったところ，本件物件内には未成年者であるZがいた。

　執行官がZに事情を尋ねたところ「Yは自分の父親であり，自分はこの建物に同居しながら高校へ通っている。父親は中国に帰国していて日本にいない。自分から父親に連絡することはできず，父親の方から連絡がなければ連絡できない」との供述を得た。

　執行官は断行日を1か月後に定めて明渡催告の公示書を本件物件内に貼り付けて明渡催告を完了させた。

(3)　その後，執行官はZが少年であったことから，児童相談所に対し，Z
　　の保護を要請した。児童相談所はZを保護することを検討し始めたが保
　　護者たるYとの連絡が取れず，Zを保護する準備が進まない状況にあっ
　　た。

(4)　そうしたところ，断行日の数日前になって，父親であるYが帰国し，
　　Zは身の回り品だけを持ってYが準備した転居先へ引っ越した。

　　　本件物件内にはほとんどの家財が残されたままであったことから，執
　　行官は本件物件の建物明渡強制執行を断行し，執行補助業者は残置物を
　　搬出した。こうして，本件物件の明渡しが完了した。

[本件の法律関係]

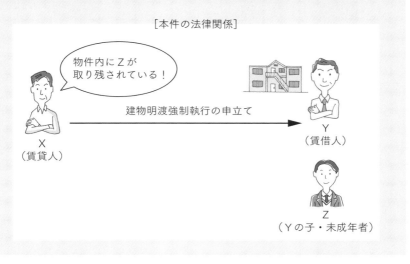

1　問題の所在

　本件では，未成年者であるZが本件物件内に取り残されており，親権者で
あるYとの連絡が付かないという特殊な状況にあります。このような場合，Z
はYとは別個の独立した占有者といえるのでしょうか。

　また，執行官は児童相談所に通報してZの保護を図ろうとしていますが，な
かなか上手く進んでいません。このまま執行官は本件物件の明渡しを断行する

のでしょうか。

2 占有者と占有補助者の区別

建物明渡の強制執行に際して、実に悩ましいのは占有者と占有補助者との区別です。占有者への債務名義があれば、占有補助者に対しては債務者と同時に強制執行で退去を完了させることができる一方で、債務名義上の債務者ではない独立した第三者の占有があるときには執行不能となるリスクがあります。

もっとも、本件のように親が占有者である場合、同居の子どもについては占有補助者にすぎないと考えるのが一般的です（古賀政治「明渡執行における占有認定に関する一考察」新民事執行実務11号141頁（2013）参照）。

本件の債務名義上の債務者はYであってZではありませんが、仮にZが独立した占有者であるならば執行不能となるリスクがあります。しかし、ZはYの子であり、父親であるYが賃借人たる占有者であることから、占有補助者に当たるものといって差し支えないものと思います。Zが占有補助者であれば本件物件内にZがいたとしても本件判決に基づく強制執行は可能です。

3 人道上の見地

明渡しの催告をすること自体は強制執行そのものの着手ではありませんので、執行官としては、少年が本件物件内にいたとしても明渡催告を行うでしょう。

しかしながら、少年が本件物件に滞在していることが判明し、断行後に保護者による保護が期待できないのであれば、断行の時点で、執行官は執行不能と判断する可能性があります。

大多数の執行官は、このような場合に断行するかというと、人道上の見地から執行不能とせざるを得ないと判断するものと思われます。

4 債権者からの明渡猶予の申し出

強制執行の執行機関は執行官であり、基本的には、執行官においてZの保護を如何にするかを検討のうえ対応することとなります。本件の場合、執行官

が早期に児童相談所に保護の要請を行っており，行政上の救済に期待が募るところです。

　では，甲としては，このような場合，どのような対応を取ることが考えられるのでしょうか。

　甲が弁護士として人道上の見地を全く無視してしまうのが適切かというと首肯できかねる面があります。他方，甲としては，あくまでも賃貸人たるXの代理人であり，依頼者の利益を重視して早期の明渡しの完了のために強制執行の手続きを進めざるを得ないこともまた確かです。児童相談所による保護が断行までに間に合わなくとも保護者たるYとの連絡が回復できるのであれば，Xの承諾を得たうえで，債権者の立場から執行官に対して明渡しの猶予を申し出て，その間にYとZに任意退去を促すことも考えられます。これは大変難しい問題であり，事案に即した柔軟な解決方法を探るほかありません。

明渡催告時に賃借人が死亡していた

事案の概要

(1) 賃貸人Xと賃借人Yは，マンションの1室につき，賃貸借契約を締結した（以下「本件物件」という）。

　ところが，しばらくしてYは賃料の支払いを怠ったことから，Xは賃料不払いを理由として本件物件の建物明渡請求を行うこととし，弁護士甲へ依頼した。

　依頼を受けた甲はYに対する本件物件の建物明渡請求訴訟を提起した。裁判所は請求認容判決を言い渡し，その後，Yは控訴することなく，判決が確定した。

(2) 甲は，引き続き，本件物件の建物明渡強制執行を申し立てて，明渡催告が行われたが，Yが任意退去することはなかった。

　断行日になり，執行官に同行した鍵屋が本件物件を開錠し，執行官が室内に入ったところ，多数の残置物があった。

　さらに寝室に進むと，Yが伏せており全く動かない状態であった。執行官は直ちに消防及び警察に通報するとともに，強制執行を中止した。まもなく，Yが死亡していることが確認され，司法解剖が行われることとなった。

[本件の法律関係]

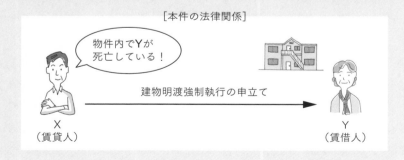

物件内でYが死亡している！

建物明渡強制執行の申立て

X
（賃貸人）

Y
（賃借人）

1　問題の所在

　本件では，明渡催告の段階で，賃借人が死亡していることが判明しました。このような場合，Yの相続との関係で，Yに対する債務名義が有効なものといえるのでしょうか。甲としては，早期に明渡しを完了させることは可能なのでしょうか。

2　相続人への受継の要否

　本件では，断行時にYが死亡していたことが判明し，執行が中止されました。甲としては，Yのご冥福をお祈りするのはもちろんのことですが，依頼者たるXの利益のために本件物件の明渡しを進めていかなければなりません。

　賃借人の死亡が判明した場合，賃借人が死亡した時期によっては，賃借人の相続人を相手方とする，または相続人に訴訟を受継させる必要があったかもしれず（民事訴訟法124条1項1号参照），Yへの債務名義で執行することができなくなる可能性もあります。甲としては，こうしたリスクを回避していくためにも任意退去を進めていくこととなります。

3　相続人との交渉

　本件のように占有者が死亡している場合，まずは弁護士としての職務上請求により賃借人の戸籍を取得してYの相続人を特定します。そのうえで，相続人に対して残置物の引取りを頼むこととなります。

　もし相続人が残置物を引き取ることができないようであれば，Yの相続人全員に残置物についての相続放棄書を作成してもらい，相続人全員から実印証明書を取り付けることが考えられます。相続人全員の相続放棄書が揃えば，Xにおいて，本件物件の残置物を撤去し，任意退去が完了したものと扱うという方法を取り得るところです。そして，残置物の撤去後，強制執行の取下げを申し立てれば，強制執行の手続きは中止のまま終了します。

　なお，相続人に対して残置物の撤去費用の分担を求める場合，相続放棄書を

取り付けるのが難航する可能性もありますので，Xにおいて費用負担するのが
無難です。

明渡催告したら全くの別人が出てきた

事案の概要

(1)　賃貸人Xと賃借人Yは，マンションの1室の賃貸借契約を締結した（以下「本件物件」という）。

　　しばらくしてYは賃料の支払いを怠ったことから，Xは賃料不払いを理由として建物明渡請求を行うこととし，弁護士甲へ依頼した。

(2)　甲が本件物件の管理会社に本件物件の占有状況を尋ねたところ「賃料を支払ってくれれば，賃借人と関与することもないので，本件物件に誰がいるかは分からない」との回答があった。

　　甲の事務員が本件物件を現地調査したところ，Yは不在であったが，電気メーターが回っていたため，誰かが居住していることが窺えたものの，誰が本件物件を占有しているかまでは分からなかった。そこで，甲が弁護士としての職務上請求をしてYの住民票を取得したところ，本件物件の所在地がYの住民票上の住所地であることが判明した。

　　そこで，甲は占有移転禁止の仮処分を申し立てないとの方針を採ることとした。

　　その後，甲はYに対する建物明渡請求訴訟を提起した。付郵便送達により訴状の送達が完了し，被告は第一回口頭弁論期日に欠席したため，その結果，裁判所は擬制自白により調書判決（以下「本件判決」という）を行った。

　　判決正本の送達も付郵便送達により完了し，その後，Yからの控訴はなく，本件判決が確定した。

(3)　甲は本件物件の建物明渡強制執行を申し立てて，執行官による明渡催告に同行した。

　　明渡催告日，執行官が本件物件に立ち入ったところ，本件物件内にはYとは全く別人であるZがおり，Zは「自分は1年以上前から本件物件

に住んでいる。Yとは誰のことですか」と述べた。

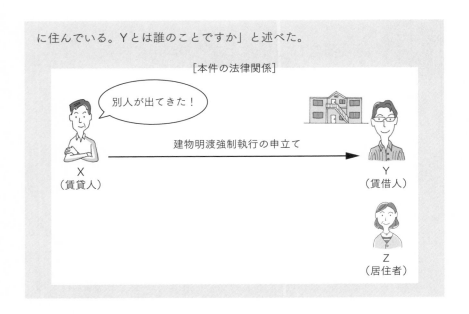

[本件の法律関係]

別人が出てきた！

建物明渡強制執行の申立て

X
（賃貸人）

Y
（賃借人）

Z
（居住者）

1　問題の所在

　本件では，賃借人Yではなく，Zが本件物件に居住していることが判明しました。債務名義はYに対するものであり，Zに対する債務名義がない以上，第三者占有による執行不能となってしまいます。甲としては，このような状況で如何にして事件の解決を図ることができるのでしょうか。

2　第三者占有による執行不能

　たとえ裁判所がYの送達場所を定めたからといっても，第三者が送達手続きをすり抜けてそのまま訴訟手続きが進行して債務名義の取得に至ることもありうるところです。物件の実際の占有状況を物件の外形から調査してもやはり限界があることは否めず，占有移転禁止の仮処分の当事者恒定効によらなければ，実際の占有者が異なる可能性を完全に排除することはできません。その意味では，全件で占有移転禁止の仮処分を申し立てるのが理想的といえるでしょう。

　しかしながら，第三者が占有している事情が窺えない事案であっても，常に占有移転禁止の仮処分を申し立てるかというと，費用面を含めて，これもまた現実的ではありません。甲としては，こうした第三者占有による執行不能のリスクを懸念しつつ，占有状況の把握に努めるほかありません。

3　裁判手続き以外での解決方法

　さて，甲としては，本件の解決を図らなければなりません。どのような解決策を探るかについては，Xの意向が重要であることはもちろんです。

　その方法としては，Xが本件物件の明渡しを希望するのであれば，Zに対する債務名義の取得を目指すこととなります。

　その他の方法としては，たとえば，Xが賃料を支払うのであれば引き続きZが本件物件に居住しても構わないといった意向であれば，XとZとの間で新たに賃貸借契約を締結するという方法も考えられます。

Case Study
事例
11-13
警察から援助を受けたい

<u>事案の概要</u>

(1) Ｘは歓楽街に所在するマンションを所有している。この歓楽街は決して治安が良いとはいえず，反社会的勢力が数多く事務所を置いていることでも全国的に有名なエリアであった。Ｘとしては，反社会的勢力が入居を申し込んできたと判断した場合にはその申込みを断るという方針を採っていた。

(2) Ｙは，Ｘに対し，マンションの１室を事務所として使用するために借受けを申し込んだ（以下「本件物件」という）。ＸはＹの申入れを承諾し，Ｙとの間で本件物件の賃貸借契約を締結した（以下「本件賃貸借契約」という）。

　　ところが，しばらくしてＹが賃料の支払いを怠るようになったため，Ｘは，弁護士甲に対し，本件物件の建物明渡請求訴訟を依頼した。

(3) 甲はＹに対する本件物件の建物明渡請求訴訟を提起した。Ｙが第一回口頭弁論期日を欠席したため，擬制自白が成立し，調書判決がなされた。甲は判決の確定後，直ちに強制執行の申立てをし，執行官は明渡催告日を指定した。

(4) 明渡催告日当日，執行官が甲の事務員の立ち合いの下，本件物件を開錠し，室内に立ち入った。すると，室内には，Ｙが指定暴力団の構成員であることを示す名刺や代紋があり，反社会的勢力が本件物件を使用していることが判明した。

　　執行官は明渡催告書を本件物件の玄関先に貼り付けて明渡催告を完了させた。

　　その後，甲は執行官より「このまま断行するのか。暴力団の構成員が占有者である以上，慎重な対応が必要であり，警察上の援助要請を行う」との連絡を受けた。

(5)　所轄の警察署の要請があり，甲と明渡催告に立ち会った甲の事務員は警察に出向いて反社会的勢力が本件物件を占有している状況を説明した。その後，甲が警察へ出向いて，最終的な断行の手順について打ち合わせを行った。

(6)　断行日当日，甲は断行日時の30分前に執行官と待合せすることとなっていた。甲が待合せ場所に行くと，警察車両のバスが停まっており，制服の警察官が約20名待機して付近の道路を封鎖する準備を進めていた。断行日時の5分前になり，執行官を先頭にして，甲と私服の警察官約20名がその後ろから付いていき，本件物件に向かった。

　　執行官が本件物件のドアの前に着くと，執行補助業者がドアに靴底をぴったりと付けて足でドアをしっかりと押さえつけた。

　　断行日時ちょうどになると，執行官がドアを叩いて開錠するよう求めた。しかし，ドアは内側から開くことはなく，執行官は鍵屋に対して本件物件のドアを開錠するよう指示をし，鍵屋が開錠するや，執行官と警察官が室内に立ち入った。

(7)　本件物件内には誰もいなかったものの，ソファーやベッドなどの残置物があったことから，執行官は断行を指示し，待機していた執行補助業者のトラックが本件物件の前に到着し，執行補助業者は残置物をすべて搬出した。

　　銃砲や違法薬物などは発見されず，強制執行による明渡しは完了し，本件は終了となった。

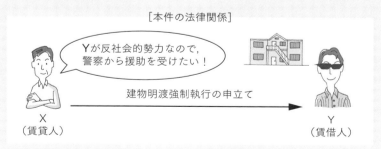

[本件の法律関係]

Yが反社会的勢力なので，警察から援助を受けたい！

X
（賃貸人）

建物明渡強制執行の申立て

Y
（賃借人）

1 問題の所在

本件で執行官はＹが反社会的勢力であることから，警察上の援助要請を受ける必要があると判断しました。甲としても，リスク回避の方法を探らなければなりません。警察上の援助要請が必要となる理由はどのようなものでしょうか。

2 警察上の援助要請の必要性

反社会的勢力を相手方とする事案については慎重に対処する必要があることは論を俟ちません。反社会的勢力を相手方として強制執行を行う場合，有形力の行使を受け，予期せぬ危害が現実に加わるリスクがあり，甲としては，こうしたリスクにどのように向き合うのか検討しなければなりません。

弁護士一般として，個人的に鍛えている者を除き，有形力の行使に直接対抗するための研修を受けているわけではありません。正当防衛などの非常事態はさておき，弁護士が，弁護士自身において反社会的勢力に対して有形力を直接行使することは通常考え難いものです。また，執行官は職務執行に際し抵抗を受けるときはその抵抗を排除するために威力を用いることができますが（民事執行法6条1項），そのようなタフな執行官を寡聞にして知りません。

そこで，反社会的勢力を相手方として強制執行を行う場合，執行の現場に警察官が立ち会い，執行妨害があったときに直ちに警察力による対処によってその抵抗などを排除するために，警察上の援助要請が必要不可欠です（民事執行法6条1項）。

3 反社会的勢力であることの察知

訴訟提起前から反社会的勢力であることを察知したのであれば，まずは少しでも早い段階から警察に相談しながら事件処理を進めるのが最善です。また，占有屋などの介入による執行妨害を排除するためにも，訴訟提起前に占有移転禁止の仮処分を申し立てることも重要です。仮処分においても，警察上の援助要請が可能ですので（民事保全法46条，民事執行法6条1項），執行官と協議

しつつ警察上の援助要請の上申を行うこととなります。

　とはいえ，事前に相手方が反社会的勢力であることを察知しているならばまだしも，本件のように，執行段階で初めて判明することもありうるので，そのときには迅速な対応が求められることになるでしょう。

4　警察上の援助要請の利点

　反社会的勢力が物件を使用している場合，物件が犯罪の現場として使用されている，あるいは，銃砲や違法薬物などが保管されているといった可能性があります。

　たとえば，本件物件内において銃砲が発見された場合に，これをどのように保管するのかは難しく，発見された銃砲を保管することで保管している者が銃刀法に違反することも考えられます。警察上の援助要請により警察官が執行に同行すれば，仮に銃砲等の犯罪組成物件が発見されたとしても，速やかに警察官に銃砲等を押収してもらうことで上記のような保管上のリスクを回避することができます。

5　弁護士会の民事介入暴力対策委員会について

　各弁護士会には民事介入暴力対策委員会が設置されています。民事介入暴力対策委員会では，反社会的勢力を相手方とする事件について弁護団を結成して対応する制度が整っており，反社会的勢力を相手方とする事件を積極的に受任しているところです。

　相手方が危害を加えてくる蓋然性が高い事情が認められる場合や，物件が組事務所として使用されている形跡がある場合などには，各弁護士会に連絡し，弁護団事件として複数弁護士による対応を図ることも事案の解決のための有力な方法です。

請求異議の訴えを提起された

事案の概要

(1) 賃貸人Xと賃借人Yは，マンションの1室（以下「本件物件」という）の賃貸借契約を締結した（以下「本件賃貸借契約」という）。

(2) ところが，しばらくしてYが賃料の支払いを怠るようになったため，Xは弁護士甲に対して本件物件の建物明渡請求訴訟を依頼し，甲はYに対する本件物件の明渡請求訴訟を提起した。

　すると，Yより「未払賃料全額を支払う代わりに本件賃貸借契約を存続させて引き続き住まわせてほしい」との連絡があり，XはYの申し入れを聞き入れることとし，XとYは裁判上の和解をした。和解条項には「今後，Yが1か月分の賃料の未払いをすれば，Xは無催告で当然に本件賃貸借契約を解除できる」との給付条項が設けられた（以下「本件和解調書」という）。

(3) しかし，その後，Yが再び賃料の支払いを怠ったため（以下「本件未払賃料」という），甲はYに対して本件賃貸借契約が終了したとの内容証明郵便及び特定記録郵便を送付し（以下「本件通知」という），Yはまもなく本件通知を受領した。

　甲は本件和解調書につき執行文の付与を受けたうえで本件和解調書による本件物件の建物明渡強制執行を申し立てて，執行官がYに対して明渡催告を行った。

　すると，Yは本件和解調書による強制執行の不許を求めて請求異議の訴えを提起するとともに，執行停止を申し立てた。その結果，裁判所は執行停止を発令し，本件和解調書による強制執行手続きが停止した。

(3) Yは請求異議の訴えにおいて「本件和解調書の定めに関わらず，賃料の延滞が1か月分だけであれば，本件賃貸借契約当事者間の信頼関係が賃貸借契約の当然解除を相当とする程度にまで破壊されたといえない。

本件和解調書に基づき本件賃貸借契約が当然に解除されたものとは認められない」との主張をした。

[本件の法律関係]

1か月分の未払いでは信頼関係は破壊されない！

請求異議の訴え

X
（賃貸人）

Y
（賃借人）

1　問題の所在

　本件では，裁判上の和解が成立しており，Xは和解調書に基づいて強制執行が申し立てています。賃料の延滞により賃貸借契約が当然解除になるとの裁判上の和解がなされた場合，それを文言どおりに解釈して，1か月分の賃料の延滞があれば当然に本件賃貸借契約は解除されたといえるのでしょうか。Yが「1か月分では信頼関係は破壊されない」との主張をしており，甲としては，強制執行の段階においても信頼関係破壊法理が適用されるのかどうか検討しなければなりません。

2　請求異議の訴えはどのような手続きか

　請求異議の訴えとは，債務名義に表示された実体法上の請求権がその後の事由により消滅した場合にその執行力の排除を求めることをいいます（民事執行法35条）。

　請求異議の訴え（民事執行法35条1項）の手続きは通常の民事訴訟と基本的には同じです。通常の民事部に係属し，法廷も通常の民事法廷であり，期日

の指定も同様ですし，答弁書・準備書面も提出します。

　甲としては，賃貸人たるＸの代理人の立場にあり，早期に明渡しを実現することが賃貸人たるＸの利益に資することから，「準備書面で追って主張する」のではなく，答弁書の提出段階から具体的な主張立証をしていくべきです。

3　強制執行段階で信頼関係破壊法理が適用されるのか

　請求異議の訴えは債務名義に表示された実体法上の請求権の存否を審判するところ（民事執行法35条），賃貸借契約の信頼関係破壊法理は実体法上の解除権の発生原因に関わるものですので，強制執行の段階においても信頼関係破壊法理が適用されます。

4　裁判上の和解と信頼関係破壊の評価根拠事実

　Ｙのいうように，１か月分の賃料の延滞のみでは解除が有効とならないのでしょうか。１か月分でも遅滞しただけも賃貸借契約の解除を認めるのは賃借人に酷であって，信頼関係が破壊されたとまでは評価できないという見解(注)も十分に説得力があるところです。

（注）　この点については，裁判上の和解により建物の賃借人が賃料の支払を１か月分でも怠ったときは賃貸借契約が当然解除になる旨の定めがあっても，賃貸借契約の当然解除を相当とする程度の信頼関係の破壊があったとはいえないと判示した判例があります（最判昭51・12・17判タ352号122頁）。ただし，この判例については，単に，１か月分の賃料の延滞という要件の充足の有無という点だけではなく，裁判上の和解の成立後，賃借人が約２年間毎月の賃料を支払期日に支払っていることといったその他の事情をも併せて考慮して上記の結論を導いたものとも考えられます。

　では，和解前には信頼関係破壊の評価根拠事実にならなかったような事由であっても，和解後には信頼関係破壊の評価根拠事実になるのでしょうか。裁判上の和解が公の紛争解決機関を利用したうえでの当事者間の合意であるという事情を考え合わせると，その成立の前後で信頼関係破壊の評価根拠事実の範囲が異なることには十分に合理性があるものと思われます。裁判上の和解前は賃料１か月分の遅滞は著しい信頼関係の破壊に該当しないが，裁判上の和解の

成立後は1か月分の遅滞も著しい信頼関係の破壊になる，したがって無催告解除の原因になると考える余地も十分にあります（石川明「賃借人が賃料の支払いを1か月分でも怠ったときは建物賃貸借契約は当然に解除となる旨の訴訟上の和解条項に基づく契約の当然解除がみとめられないとされた事例」判タ352号122頁（1977）参照）。

【1か月分の滞納が信頼関係破壊の評価根拠事実となるか】

5　その他に事情はないか

　ただ，甲としては，1か月分の賃料の延滞の一本槍を主張するようでは，Yの主張を打ち破ることなく敗訴するリスクを伴うこととなります。1か月分の賃料の延滞という事情だけではなく，たとえば，裁判上の和解の成立後においてもYが繰り返し賃料を支払期日どおりに支払っていなかったといった入金状況などについても主張立証しておく必要があります。

6　契約解除の意思表示が必要か

　当然解除条項が定められている場合，催告どころか契約解除の意思表示すらもしないで強制執行を申し立てることができます。

　もっとも，催告はしないまでも少なくとも契約解除の意思表示をしておけば，「契約解除の意思表示がないので強制執行を申し立てることはできない」といったYからの反論を防ぐことができます。甲としては，Yの所在が不明であるといった事情がないのであれば，念のため，契約解除の意思表示をしておくのが望ましいものです。

裁判の脱漏があった

事案の概要

(1) 賃貸人Xと賃借人Yは，マンションの1室の賃貸借契約を締結した（以下「本件物件」という）。

ところが，しばらくしてYが賃料の支払いを怠るようになったため，Xは弁護士甲に対し本件物件の建物明渡請求訴訟を依頼した。

甲はYに対して本件物件の明渡請求訴訟を提起し，最終的に，請求認容判決が言い渡された。

(2) 甲は判決の確定を待って本件物件の建物明渡強制執行を申し立てた。執行官がYに対して明渡催告をした後，Yは請求異議の訴えを提起するとともに，執行停止の申立てをした。その結果，裁判所は執行停止を発令し，強制執行手続きは停止した。

(3) やがて，裁判所は請求異議の訴えの弁論を終結し，請求棄却の判決を言い渡した（以下「本件判決」という）。

そこで，甲が執行官に対して本件物件の明渡請求訴訟の強制執行の再開を上申したところ，思いがけず，執行官より「本件判決には執行停止の取消しが判示されていないため，強制執行を再開することはできない」との連絡があった。

甲としては，強制執行を再開させるための対応を講じる必要に迫られることとなった。

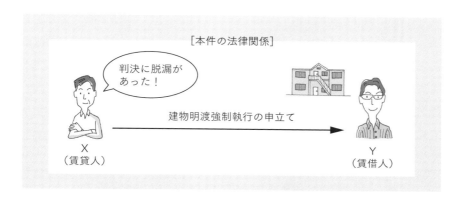

[本件の法律関係]

判決に脱漏があった！

建物明渡強制執行の申立て

X
（賃貸人）

Y
（賃借人）

1 問題の所在

　甲としては，早期の明渡しを実現するために，強制執行を再開させたいところですが，本件判決は強制執行の停止について裁判をしておらず，裁判の脱漏が生じています。このような場合，どのような手続きを取る必要があるのでしょうか。

2 裁判の脱漏が生じているか

　執行停止の仮処分の裁判がなされたものの請求異議の訴えを棄却したときには，執行裁判所は自らの裁判に拘束されるので，職権で執行の停止の取消しをしなければなりません（民事執行法40条1項）。本件判決は請求異議の訴えを棄却しているにもかかわらず，執行の停止の取消しにつき裁判しておらず，裁判の脱漏が生じています。

3 更正決定なのか追加判決なのか

　裁判所が無意識に一部判決をした場合を裁判の脱漏といい，脱漏部分はなお当該裁判所に係属中ですので（民事訴訟法258条1項），裁判所は職権または申立てにより追加判決をしなければなりません。判決理由からその部分の裁判をしていることが明らかなのにそれを主文に掲げるのを脱落したにすぎない場

合には更正決定（民事訴訟法257条）で対応すれば足り，追加判決をするまでもないと解されます（裁判所職員総合研修所監修『民事訴訟法講義案（再訂補訂版）』（司法協会，2010）262頁）。

更正決定なのか追加判決なのかについては，上記のとおり，本件判決の判決理由からその部分の裁判をしていることが明らかといえるかが分かれ目となるところ，本件判決の理由中の判断に何ら執行停止の処分について言及がないときには更正決定ではなく追加判決とならざるを得ません。

甲としては，更正決定となる見込みが少しでもあるようであれば，直ちに裁判所へ連絡し，執行停止の取消しにつき，追加判決ではなく更正決定をするよう上申することが考えられます。更正決定であれば追加判決と異なり，裁判所は言渡期日を指定する必要がなく，その分，強制執行の再開が早まることとなるからです。

┃ 4　裁判所への注意喚起をしておく

裁判の脱漏については，たとえば，物件の所在地と合意管轄が異なるなど複数の管轄がある場合に，執行停止の裁判をした裁判所と請求異議の訴えの係属した裁判所とが異なるケースなどで発生する可能性があります。防止策としては，賃貸人側としても執行停止について書面等で意識的に裁判所へ伝えておくのが良いでしょう。

索　引

著 者 紹 介

滝口　大志（たきぐち　たいし）

千葉大学法経学部法学科卒業，九州大学法科大学院修了

弁護士登録（第一東京弁護士会）（新第65期）

丸の内仲通り法律事務所（東京都千代田区有楽町一丁目7番1号有楽町電気ビル南館13階1356区）

〈主な取扱分野〉

・不動産法関連分野（主に，建物明渡請求）

・商法・会社法関連分野

・その他民事紛争案件全般

早期解決を実現する

建物明渡請求の事件処理88〔第3版〕
任意交渉から強制執行までの事例集

2016年7月20日　初版発行
2021年10月30日　第2版発行
2024年7月20日　第3版発行

著　　　者　　滝口大志
発　行　者　　大坪克行
発　行　所　　株式会社税務経理協会
　　　　　　　〒161-0033東京都新宿区下落合1丁目1番3号
　　　　　　　http://www.zeikei.co.jp
　　　　　　　03-6304-0505
印　　　刷　　株式会社技秀堂
製　　　本　　牧製本印刷株式会社
デ ザ イ ン　　原宗男（カバー）
編　　　集　　吉冨智子

本書についての
ご意見・ご感想はコチラ

http://www.zeikei.co.jp/contact/